한국 가족

신가족주의에서 포스트가부장제로

이 저서는 2016년 정부(교육부)의 재원으로 한국연구재단의 지원을 받아 수행된 연구임(NRF-2016S1A6A4A01017137)

한국 가족

신가족주의에서 포스트가부장제로

이재경 지음

이화여자대학교출판문화원

책머리에

가족이란 무엇인가? 2003년 출판한 나의 첫 번째 책 서두에서 던진 질문이다. 우리가 지극히 당연하고 친숙하게 여기는 일상화된 가족이지만 막상 질문에 답하기는 쉽지 않다. 2022년 지금도 가족이란 무엇인가라는 질문은 유효하지만, 여전히 답을 하기는 어렵다. 우리 사회에서 나타나는 많은 사회 현상이나 변화는 빠른 속도로 그리고 압축적으로 일어나며, 이런 점에서 가족도 예외가 아니다. 21세기에 들어서면서 우리 사회에서는 가족의 급격한 변화와 대응책에 대한 많은 사회적, 정책적 담론이 확산되어왔다. 세계 최저 수준의 출산율, 결혼 감소, 이혼 증가, 맞벌이 가구 증가로 인한 성별 분업의 균열, 일·가족의 제도적 갈등, 사회적 양극화로 인한 가족 간 불평등 심화 등은 지금까지 당연하고 익숙했던 핵가족이 제도적 위기에 처했음을 말해준다. 특히 인공수정과 대리모 출산, 입양 등 (비)혈연 관계의 가족 구성, 이성애 결혼에 도전하는 동거나 동성 결혼 등 친밀성과 파트너십의 변화는 기존의 가족 제도에서 담아내기 어렵다.

삶의 방식으로서 가족에 대한 개인의 선택과 가족 규범에 따른 제도적 압력, 일·가족 갈등으로 표출된 노동시장 규범과 변화된 가족의 현실 사이에서 사람들은 혼란과 모순을 경험한다. 미래 가족에 대한 불안과 우려가 증폭되고 있는 시점에서 이 책에서는 후기산업사회 한국 가족의 변화를 여성, 젠더, 그리고 불평등이라는 키워드를 중심으로 논의한다. 이 책은 한국 가족 변화에 대한 명쾌한 해석이나 답을 제공하지는 못하지만, 현 시점에서 어떤 질문이 적절하며, 무엇을 문제로 볼 것인가, 대안은 어떠해야 하는가, 미래의 가족은 어떤 모습(들)이어야 할까에 대한 고민을 담았다. 이런 고민을 독자들과 공유했으면 하는 것이 나의 바람이다. 책을 쓰겠다는 계획은 퇴임 전부터 있었다. 머릿속에는 어떤 내용을 쓸 것인가에 대한 아이디어가 있어서 바쁜 학교 일에서 벗어나면 집필은 오래 걸리지 않으리라고 기대했다. 그러나 막상 빠른 속도로 변화하는 인구학적 현상을 개인과 가족의 선택과 사회 제도적 압력 등과 연결하고, 사회적, 문화적, 경제적 요인으로 설명하는 작업이 쉽지 않았다. 한국연구재단에서 저술출판지원(NRF-2016S1A6A4A01017137)을 받은 사정으로 겨우 숙제를 끝낼 수 있었다.

이 책을 출판하기까지 많은 동료의 조언과 도움이 있었다. 초고를 읽고 책의 제목이나 내용에 대해 값진 조언을 해준 김혜경, 신경아, 함인희 교수께 감사드리고 싶다. 선생님들은 책에 대한 조언뿐 아니라 늘 격려까지 보태주었다. 아마 내가 중도에 포기할까봐 용기를 준 것으로 생각한다. 다시 한번 감사드린다. 지난 10여 년 동안 한국 가족에 관한 연구 작업을 함께 한 선생님들은 이 책의 숨은 저자이시기도 하다. 인디애나대학교의 김승경 교수와 펜실베이니아대학교의 박현준

교수는 미국과 한국을 오가면서 나와 공동 연구나 세미나를 함께 했고, 만나면 늘 한국 가족에 관한 토론을 이어온 소중한 동료들이다. 한국여성정책연구원의 김경희 박사, 이화여대 재직 시 함께 연구해온 김보화, 나성은, 이은아, 조주은 박사에게 감사한다. 이들과 함께 발표한 논문은 이 책에서 인용도 되었고, 일부는 발췌하여 내용으로 포함되었다. 선생님들께 고마움 마음을 전한다. 특히 이은아 교수는 책의 마무리 단계에서 조언을 구하는 나의 독촉에 학기 말인데도 기꺼이 응해주었다. 통계 자료를 정리해주고, 원고를 편집하는 등 귀찮은 일들을 도맡아 해준 오지혜 박사와 김효정 박사에게 감사드린다. 오 박사는 집필 초기에, 김 박사는 마무리 단계에 많은 수고를 해주었다. 이들의 숨은 노고가 없었다면 이 책은 나오기 어려웠을 것이다. 이화여대 여성학과 공동체는 오랫동안 내가 학문적 긴장을 놓지 않도록 지원해준 든든한 세력이다. 모든 구성원에게 고마운 마음을 전하고 싶다. 마지막으로 이 책이 나오기까지 애써주신 이화여자대학교출판문화원의 이혜지 주간께 깊은 감사를 드린다.

2022년 2월

이재경

차례

프롤로그

한국 가족, 어디로 가고 있나?

현재 한국 가족에 대한 통계를 살펴보면, 2020년 합계출산율은 0.84명, 전체 가구 중 1인 가구 비율은 31.7%, 초혼 나이는 여성 30.8세, 남성 33.2세, 2019년 기대수명은 83.3세이다. 결혼은 감소하는 한편, 이혼과 재혼이 증가하고 있으며, 맞벌이 가구[1]도 증가하는 추세이다. 이러한 인구 동태적 추세는 가족이 새로운 도전에 직면하고 있음을 말해준다. 가족의 변화는 한국 사회에서만 나타난 현상은 아니며, 후기산업사회에 진입한 서구 유럽이나 다른 동아시아 국가에서도 볼 수 있다. 1960년대 이후 서구 유럽과 북미에서 시작된 인구 변동은 20세기 후반부터 한국을 포함한 아시아, 동유럽, 남미 국가들에서도 유사한 형태로 진행되고 있다. 인구학자들은 가족 변화를 제2차 인구 변천the second demographic transition[2] 과정으로 설명하는데, 합계출산

1 한 가구에서 성인 두 사람(부부)이 취업해서 소득을 버는 경우, 맞벌이 가구, 이인 소득자 가구, 이인 부양 가구로 칭한다. 이 책에서는 맥락에 따라 세 가지 용어를 적절하게 사용한다.

율이 인구 대체 수준인 2.1명 이하로 감소하고, 출산 지연, 베이비붐의 종결, 초혼 나이 상승, 이혼율 증가, 비혼[3] 동거 및 비혼 출산 증가 등이 일어나는 것을 포함한다(Lesthaeghe, 2010). 20세기 후반부터 아시아, 특히 한국을 포함한 동아시아에서도 제2차 인구 변천의 징후가 나타났지만, 서구와는 다소 다른 모습을 보인다. 출산율 하락, 혼인 연령의 상승, 이혼의 증가 추세 등은 유사하게 나타나고 있지만, 결혼의 대안적 방식으로 여겨지는 비혼 동거 비율이 낮고, 비혼 출산율 또한 서구 사회보다 낮다. 이는 전통적 결혼 규범이 강건하게 유지되고 있다는 것을 확인시켜주는 것이다. 비혼 출산에 대한 사회 문화적 거부감은 한국을 포함한 동아시아 국가들의 저출산 현상을 심화시키는 요인 중 하나로 지적되기도 한다(Ji, 2015; Ochiai, 2013; Raymo, Park, Xie, and Yeung, 2015).

21세기 인구 및 가족 변화는 개별 국가의 사회 문화적 특성에 따라 구체적 양상에서는 차이가 있지만 몇 가지 측면에서 유사한 양상을 보인다. 우선 결혼과 출산 행위의 변화로 인한 가족 형성 과정의

2 제2차 인구 변천 과정은 서구 사회를 중심으로 3단계로 구분한다. 제1단계는 1960~1970년 기간이며 베이비붐의 종결, 혼인 연령의 상승, 이혼율 증가가 특징이다. 제2단계는 1970~1985년 기간이며 비혼 동거 확산, 동거 연인의 자녀 출산이 그 특징이다. 제3단계는 1985년 이후로 이혼율이 높은 수준에서 안정기에 들어서고, 동거나 따로 살지만 함께하는 연인관계living apart together가 결혼을 대신하는 추세에 들어간다. 출산율 하락과 초혼 나이의 상승도 지속해서 나타나는 현상이다(인구대사전, 2016: 465).

3 비혼이나 미혼은 결혼하지 않은 상태를 일컫는 표현이다. '비혼'이라는 용어는 이전의 결혼 여부와 무관하게 현재 독신이면서 미래에도 결혼할 것으로 단정 짓지 않는다는 의미가 포함되어 있다. 반면 '미혼'은 미래 결혼을 전제하는 표현이며, 결혼을 아직 하지 않았다는 의미이다. 이 책에서는 상황에 따라 혼용하며, 기존 연구를 인용할 때는 원저자의 표현을 그대로 사용한다.

다양성diversity 및 복합성complexity의 증가를 들 수 있는데, 이러한 추세는 개인과 가족 생애과정의 탈표준화de-standardization와 유연성 확대로 이어진다. 다음으로 여성 노동시장 참여가 추동하는 젠더 관계의 변화가 관찰되는데, 다시 말해 여성의 경제적 자율성이 증진되고 성 역할sex role 또는 성별 분업gender division of labor이 약화되는 것을 볼 수 있다. 한편 아시아 등 비서구 국가들에서는 다세대 가구 구성의 쇠퇴 경향이 나타나고 있으며, 노인 세대의 전통적인 권위도 약화되었다(Furstenberg, 2019; Lesthaeghe, 2010). 20세기 중·후반부터 진행되어온 이러한 변화는 혈연과 성 역할 분리를 기반으로 한 부부와 미혼 자녀들로 구성된 근대 가부장적 핵가족의 쇠퇴로 이어지고 있다.

핵가족 개념은 가족의 형태적 특징, 기능, 가족에 대한 이념 등의 측면에서 정의되며, 산업화 및 계층 구조 변화를 포함한 사회의 근대적 변화와의 관련 속에서 논의되었다(Goode, 1963; Shorter, 1975). 19세기 서구의 근대 가족은 가족과 일터의 분리, 가정중심성domesticity[4]의 창안, 아동기의 출현과 모성의 제도화,[5] 성별 분업의 강화, 낭만적 사랑의 신성화 등의 특징을 보인다. 한국 사회에서는 20세기 중반 중산

4 가정중심성domesticity은 근대적 공사 이분법이 강화되고 사적 공간으로서 가족의 중요성이 증가하면서 등장한 개념으로, 개인의 삶에서 가족생활을 중심에 두는 관념 또는 태도를 의미한다. 특히 근대화 시기 서구 중산층 또는 상류층 여성들의 삶을 지배하는 가치 체계로 작동했는데, 여성들은 집에서 집안 관리와 자녀 양육을 도맡고, 남편에게 복종하고, 남편을 만족시키는 것이 가장 중요한 일이라는 점을 강조하면서 남성에 대한 여성의 의존을 정당화해왔다(이박혜경, 2007). 이러한 관념은 이후 여성의 자리가 가족이라는 핵가족의 신화로 이어졌다.

5 한국 근대 가족의 아동기 출현과 모성의 제도화에 관한 논의는 김혜경(2005)과 이재경(2003) 6장을 참고할 것.

층의 출현과 확대로 인해 근대 핵가족의 이상이 급격하고 광범위하게 확산되었다(이재경, 1999: 58; 김연주·이재경, 2013). 그러나 출산율 하락, 만혼화 추세, 이혼 및 재혼 증가 등 1990년대부터 진행된 인구 동태적 변화는 누가 가족이며, 어떤 관계를 가족으로 볼 것인가, 가족 간의 책임과 의무는 어디까지이고 어떻게 나누어야 하는지 등 가족의 정의와 성격에 대한 기존의 통념을 깨고 있다. 특정한 방식으로 규정해온 근대 핵가족 개념도 한계를 드러내고 있으며, 이성애 핵가족을 바람직한 것으로 보는 정상가족normal family 규범 또한 후기산업사회에서 긴장과 균열을 보이고 있다(이재경, 2015). 2차 세계대전 이후 미국 사회를 중심으로 확산해온 근대 '이상적 핵가족ideal nuclear family'이라는 신화가 21세기 가족 변화로 인해 도전받고 있는 것이다.

지금까지 당연하고 익숙했던 핵가족이 위기에 처하고 쇠퇴하는 상황에서 미래 가족에 대한 불안과 우려가 증폭되고 있는 것처럼 보인다. 삶의 방식으로서 가족에 대한 개인의 선택과 가족 규범에 따른 제도적 압력, 일·가족 갈등으로 표출된 노동시장 규범과 변화된 가족의 현실 사이에서 사람들은 혼란과 모순을 경험한다. 핵가족 제도가 도전받는 이 시점에 우리는 두 가지 차원에서 질문을 제기할 수 있다. 첫 번째는 개인적 차원이다. 개인의 감정적, 일상적 경험으로서 가족과의 친밀성intimacy은 어떻게 변화되고 있는가? 나에게 가족이란 어떤 의미인가? 내 가족은 누구를 말하는가? 결혼을 할 것인가? 한다면 누구와 언제 해야 할까? 자녀는 몇 명을 두어야 하나? 자녀 양육은 여성의 책임인가? 생계 부양은 남성의 의무인가? 평등한 부부 관계는 어떤 것인가? 결혼을 결정할 때 나의 선택이 우선인가, 아니면 부모나 가족의 조언이나 결정이 중요한가? 두 번째는 제도적 차원인데, 법 제도나 정책 과정에서 가족에 대한 정의definition[6]는 왜 논쟁이 되는가? 가족의 범위와 경계는 유동적으로 구성되는데, 과연 가족에 대한 단일한 정의는 필요한가? 이성애적 결합으로 제도화된 근대 결혼의 미래는 어떠한가? 가족은 여타 사회 제도나 조직과 어떻게 연결되어 있으며, 현재 진행되는 변화는 기존 제도 간의 불일치와 모순을 초래하는가? 공적public 영역과 사적private 영역 사이의 경계는 어떻게 흐려지고 있는가? 가족 변화는 성평등의 기회를 제공할 수 있는가? 사회적 불평등의 구조화 과정에서 가족은 어떤 역할을 하며, 동시에 어떻게 영향을 받는가? 그리고 여러 가지 형태로 살아가는 가구의 다양한 요구를 지원하는 사회 정책은 어떻게 전망되는가? 국가의 다양한 정책은 성평등을 담보하는가? 이러한 다양한 질문들을 통해 우리는 가족 변화의 혼란과 모순을 파악할 수 있고 동시에 미래의 가족생활과 삶을 만들어갈 기회와 선택에 대한 전망을 할 수 있다(Gerson and Torres, 2015; 이재경, 2015). 이 책은 이러한 질문과 고민을 담고 있다.

가족 변화: 신新가족주의에서 포스트가부장제로

이 책에서는 산업화 이후 한국 가족 변화의 흐름을 부계 가족주의와 핵가족이 결합한 신가족주의neo-familism에서 개인화 추세와 가족주의가 공존하는 포스트가부장제post-patriarchy로 이동하는 것으로 본다.

---

6 정부 정책에서 가족에 대한 정의는 여전히 정상가족 중심이다. 2020년 재난지원금은 '4인 가구'를 기준으로 했는데, 정상가족을 전제로 했다는 비판이 있었다. 한편 여성

이재경(1999: 72-78)은 산업화 이후 한국 가족의 특징을 핵가족의 이상과 대가족의 현실이 병존하는 전통 가족의 근대적 변형으로 보고, 이를 신가족주의라고 명명했다. 1990년대 중·후반부터 나타난 후기 근대적 가족 변화는 개인화 경향과 성별 분업의 약화에도 불구하고 가족주의가 지속되는 현상을 보이는데, 이를 이 책에서는 포스트가부장제로 정의하고자 한다. 포스트가부장제는 전통적 가부장제 이후를 말하지만, 가부장제의 소멸을 의미하지는 않는다. 21세기에 들어서면서 가부장적 가치의 사회적 의미나 영향력이 약화해온 것은 분명하다. 전통 가부장제의 이념적 근거인 호주제[7] 폐지, 저출산으로 초래된 부계 가족 재생산의 위기, 개인화 추세, 그리고 여성의 성평등에 대한 욕구 변화와 노동시장 참여 증가로 나타난 젠더 질서의 균열 등이 가부장적 가족 제도의 쇠퇴를 이끌고 있다. 그러나 이러한 변화에도 불구하고 결혼과 가족생활에서 근대 젠더 규범 체계는 해체되지 않고 있어, 가족 내 성평등 실현에 장애가 되고 있다. 특히 개인화 추세와 성별 분업 구조의 약화에도 불구하고 여전히 가족주의적 요소가 지속되

가족부에서는 2021년 건강가정 제4차 계획에서 '가족 다양성 포용'을 1순위 과제로 올렸는데, '정상가족'이라는 전제를 숨긴 채 '다양한 가족'을 부수적 과제로 덧붙이는 수준에 그쳤던 3차까지의 계획과 차별화하고 있음을 강조하고 홍보했다. 그러나 '건강가정'의 명칭을 고수함으로써 핵가족의 정상성을 옹호하는 것으로 평가할 수 있다(이재경, 2021: 82-83). 건강가정에 대한 개념적 비판은 이재경(2004a)을 참고할 것.

7 가부장적 가족 제도는 가부장권과 부계 혈통주의를 포함하는데, 가부장권은 가족의 대표권, 가족원을 지휘 감독하는 권한, 재산을 관리하는 권한과 제주권으로 구성되며, 이는 가장의 권리인 동시에 의무이다. 호주의 승계가 남자로 이어지기 때문에 철저히 부계 혈통의 계승과 유지를 목적으로 한다고 볼 수 있다(이재경, 2003: 66-67). 2005년 2월 헌법재판소는 호주제에 대해 헌법 불합치 결정을 내렸고, 2005년 3월 호주제 폐지를 골간으로 하는 민법 개정안이 국회를 통과했다. 2008년 1월 개정 민법이 시행되어 호주제는 완전히 폐지되었고, 이후 가족관계등록법이 시행돼 현재에 이르고 있다.

고 있다. IMF 경제 위기 때 노동시장에 진출한 청년 세대의 개인화와 가족주의를 분석한 김혜경(2013)은 부모에 대한 효도와 부양이라는 전통적 규범은 쇠퇴했지만, 이들의 개인화는 원가족과의 강력한 관계 속에서 진행된다고 했다. 구체적으로 30대 후반 자녀 양육기에 있는 기혼자의 경우 부모 세대로부터 양육 지원을 받고자 하는 도구적 성향을, 비혼 여성들은 부모와 감정적으로 상호 의존하는 정서적 가족주의 경향을 보였다. 또한 남성과 여성 모두 여성 취업으로 나타나는 성 역할의 변화를 지지하지만 동시에 여성의 돌봄 역할도 기대하는 일 지향적 보수주의적 성향이 강하다(조윤명 · 김영미, 2020; Brinton and Lee, 2016).

1960년대 이후 가족에 관한 많은 연구가 있었는데, 이들의 공통된 경향은 핵가족화, 가족에 대한 페미니즘 관점, 또는 개인화라는 서구 논의를 차용함과 동시에 '가족주의'라는 한국 사회의 특수성을 강조하는 것이었다. 기존 논의의 흐름을 간략하게 정리하면 다음과 같다.

첫째, 산업화 이후 한국 가족의 변화 방향을 서구와 같은 핵가족화로 보는 논의와 그에 대한 비판이다. 변화 추세를 핵가족화로 보는 주장은 '산업화와 핵가족'[8]이라는 기능주의 이론적 명제를 검증하는 데서 크게 벗어나지 않았다. 평균 가구원 수 감소, 전통적 3세대 가족의 감소와 2세대 가구 증가 등 가족의 인구 동태적 변화 추이를 핵가족화의 추세로 판단했다. 1960년대 초 박정희 정부의 경제개발계획과 가족계획사업은 전통적 가족생활에 많은 영향을 미쳤다. 경제개발계획

8 산업화와 핵가족 이론에 대한 최근의 비평은 Cherlin(2012)을 참고할 것.

은 산업화, 도시화를 촉진했으며, 가족계획사업은 출산율을 감소시켜 가족은 크기와 형태의 측면에서 급격히 변화했다. 전통적 3세대 가족의 감소와 2세대 핵가족 형태 가구의 증가는 한국 가족이 핵가족화한다는 논의(공세권·조애조·김진숙·장현섭·서미경, 1990; 한남제, 1984; 최재석, 1982)를 뒷받침하기도 했다. 한편 한남제(1984)는 가족 내부의 측면에서도 우애적companionate 부부 관계가 나타나고, 남편의 가부장권이 약화하는 동시에 부인의 가사 결정권이 강화되었다고 보았다. 이는 부부간의 정서적 관계와 수평적 분업을 토대로 한 평등 가족을 이상화한 서구 핵가족의 이념을 확인하는 주장이었다.

이 시기 가족 변화를 서구적 핵가족화로 볼 수 있는가에 대해서는 여러 비판이 있지만, 전통적 부계 가족의 가치가 핵가족의 근대적 요소에 의해 약화해왔음을 부인할 수는 없다. 이런 배경에서 핵가족화의 한국적 맥락에 관한 연구들에 주목할 필요가 있다. 이 연구들은 한국 가족이 형태상으로는 핵가족화되어가고 있지만, 의식, 행위 등 내용적인 면에서는 전통적 규범이 공존하고 있다고 강조한다. 1960년대부터 가족의 규모가 감소하는 소가족화 추세가 나타났지만, 전통적인 가족주의의 지속, 부계 확대가족 네트워크, 가부장적 가족 질서를 근간으로 한 호주제 등으로 인해 근대 핵가족 이념형과는 거리가 있었다. 즉 개인의 자율성과 가족 간의 수평적 관계를 전제하는 근대적 가족 가치가 전통적 규범과 충돌하고 갈등하면서 직계 가족적 요소가 포함된 핵가족으로 변화되었다. 전쟁과 이산, 산업화와 도시화, 압축적 근대화 등 한국 사회의 급격한 변화는 가족 영역에 영향을 미쳤는데, 이 과정에서 전통과 근대 규범이 조정과 전략을 통해 상호 변형된 것이다(김혜경, 2009; 문소정, 1995). 그 결과 전통적 부계 가족주의와는 다른 양계적bi-lineal 경향을 띤 혈연 중심의 가족 연대를 강화하는 신가족주의적 특징이 나타났다(이재경, 1999: 77-78).

둘째, 한국 가족에 관한 여성학 연구는 한편으로는 핵가족화 논의를 비판하고, 다른 한편으로는 가족의 가부장성을 쟁점화했다. 여성학자들은 성 역할 또는 성별 분업이 가부장제의 핵심적 요소이며, 사적 영역인 가족 내 여성의 낮은 지위뿐 아니라 노동시장, 정치, 문화 등 공적 영역에서 여성의 열등한 지위와 연결된다고 주장해왔다. 즉 남성에게는 임금 노동과 생계 부양, 여성에게는 가사 노동과 돌봄 노동을 일차적 책임으로 부과하는 성별 분업은 사회적 자원의 불공평한 분배와 불평등한 권력관계를 통해 가부장적 사회관계를 지속시키는 이념적, 문화적 체계라는 것이다(이재경, 2003: 48-51). 서구의 페미니스트 가족 연구에서는 근대 핵가족에 대한 비판이 주를 이루었지만, 우리 사회에서는 비판과 함께, 산업화 이후 핵가족화 추세가 가부장적 전통과 어떻게 충돌, 조정, 결합하는지를 논의해왔다. 우리나라에서 호주제로 체계화된 부계 가족의 원리가 가족 안의 성별 분업과 여성의 낮은 지위를 정당화해온 것이 사실이다. 핵가족화의 근거로 연애결혼의 증가나 부부 중심성을 강조하지만, 부부 중심 가족 개념은 한국 가족을 설명하는 데 제한적이라고 볼 수 있다. 평등한 부부보다는 성별 위계에 기반한 성 역할을 지지하고 자녀 양육과 교육을 중시하는 가족 문화에서는 부모 자녀 관계가 부부 관계보다 더 중시되는 경향이 있다. 즉 가부장적 가치가 작동하는 외형상 핵가족이라고 볼 수 있는 것이다.

마지막으로, 후기산업사회 가족 변화는 개인화individualization 추세와 가족 다양성family diversity을 중심으로 논의됐다. 핵가족 이론과는 달리, 개인화나 가족 다양성의 관점은 사회 구조적 압력보다는 개인의 선택이나 사회 문화적 이질성heterogeneity에 따른 차이에 주목한다. 그러나 두 관점은 차이가 있는데, 개인화 추세는 변화의 주요 동인이며, 다양성과 제2차 인구 변천은 인구 동태적 변화의 결과로 나타난 현상으로 볼 수 있다. 먼저 1990년대 중반부터 제기된 가족 다양성 논의는 가족 변화를 위기로 규정하는 주장에 대한 대안적 관점으로 시작되었다. 부부와 자녀로 구성된 핵가족의 감소와 무자녀 부부 가족의 증가, 1인 가구의 급속한 증가가 나타나는 한편, 이혼 및 재혼 증가, 국제결혼 증가, 노인 가구의 증가 등을 통해 가족의 모습이 다양해지고 있는 현실에서, 하나의 가족 개념은 이러한 현실을 반영하지 못한다고 비판하면서 가족에 대한 정의를 확장하고자 한다. 또한 핵가족 이념형에서 벗어나면 결손이나 해체로 간주해 '비정상'으로 범주화했던 가족들을 차별하지 않고 포용한다(이재경, 2015). 한편 벡Beck의 개인화 이론을 토대로 가족 변화를 설명하는 논의들은 주로 한국 사회의 개인화가 서구의 개인화와 다름을 강조하고 어떻게 다른지에 주목해왔다(Chang and Song, 2010; 홍찬숙, 2015; 김혜경, 2013; 허은, 2017). 이들 연구들은 한국에서는 서구와는 달리 개인화 과정이 압축적으로 진행되고 있으며, 개인화 과정이 제도적 가족주의와 결합하는 가족 지향성을 보인다는 점을 특징으로 지적하고 있다.

후기산업사회 한국 가족의 변화를 젠더 정치학이나 개인화 맥락, 또는 가족 다양성 관점에서 분석하는 논의들은 공통적으로 근대 핵가족과 성별 분업, 남성 중심의 가부장적 가족 규범이 쇠퇴하고 있음을 지적한다. 그리고 이러한 변화는 여전히 가족주의적 요소와 결합하고 있으며, 이는 가족 내 성평등 실현을 저해하는 주요한 걸림돌이 되어 왔다고 분석한다. 그러나 21세기 가족의 변화가 가족주의라는 전통적 요소와 결합한다는 설명은 현상적 설명에 그쳐 개념적, 이론적 한계를 보여준다. 가족에 대한 논의는 한국의 사회적, 구조적, 역사적 맥락 속에서 가족이 어떻게 변화해왔으며 그 의미는 어떻게 해석될 수 있는지 분석하는 작업이 필요하다. 그리고 그러한 가족의 변화가 포스트가부장제 이후 미래의 가족생활과 어떻게 연관되며, 가족 구성원들 간의 평등하고 자유롭고 민주적인 삶을 어떻게 가능하게 하는지에 대한 성찰과 모색으로 확장되어야 한다. 이런 배경에서 이 책에서는 가부장적 젠더 질서의 약화에도 불구하고 가족주의가 개인의 삶과 가족관계, 사회 구조적 차원에서 여전히 중요한 영향력을 행사하는 현상을 포스트가부장제로 규정하고, 젠더 정치학의 관점에서 후기산업사회 한국 가족의 변화와 그 의미를 밝히고자 한다.

이 책은 여섯 개의 장과 프롤로그, 에필로그로 구성되며, 각 장의 내용을 간략하게 요약하면 다음과 같다.

프롤로그 '한국 가족, 어디로 가고 있나?'에서는 산업화 이후 가족 변화에 관한 기존 논의를 간략히 검토하고, 변화의 흐름을 부계 가족주의와 핵가족이 결합한 신가족주의에서 개인화 추세와 가족주의가 공존하는 포스트가부장제로 이동하는 것으로 설명한다. **1장 '후기산업사회 가족과 젠더'**에서는 산업화 이후 한국 가족에 관한 연구를 이끈 세 가지 관점－페미니스트 연구, 가족 다양성, 개인화론－을 정리한다.

세 가지 관점 모두 가부장적 핵가족의 쇠퇴와 젠더 질서의 변화를 말하지만, 다양성의 관점이나 개인화 이론이 젠더 정치에 크게 주목하지 않음을 비판하고, 산업화 이후 한국 가족 변화를 근대 젠더 이원론dualism 또는 이분법binary의 재구성 과정으로 설명한다. **2장 '가족 구성의 탈표준화'**에서는 가구 구성의 변화로 가족 형태의 전형성이 약화되고, 유연화되고 있음을 살펴보고, 단일하고 획일적인 방식으로 규정되었던 기존의 가족 개념의 실효성을 논의한다. 이 장에서는 현재의 변화를 기존 제도가 해체되는 전환의 단계, 즉 탈제도화로 규정하기보다는 그 이전 과정인 다양화, 탈표준화로 본다.

3장과 4장에서는 후기산업사회 결혼의 변화를 다룬다. **3장 '결혼의 변화와 지속'**에서는 낭만적 사랑, 이성애, 성별 분업이 제도화된 근대 결혼의 쇠퇴를 논의한다. 후기산업사회 결혼 제도 변화에 대한 이론적 논의를 간략히 소개하고, 한국 사회 결혼 동향을 공식 통계와 태도 조사를 통해 살펴본다. 그리고 지금 나타나는 변화의 의미를 제도적 실리와 개인화된 문화적 이상이 혼재된 갈등적 실천으로 규정한다. **4장 '결혼 시장: 불평등의 재생산'**에서는 우리 사회의 불평등 구조가 결혼과 가족을 매개로 재생산되는 과정을 논의한다. 경제적 합리성과 교환의 논리가 작동하는 결혼 시장에서 남녀의 조건들이 어떻게 거래되고 교환되는지, 이 과정에서 부모를 포함한 가족의 경제적 배경이 어떤 영향을 미치는지를 기존 통계와 사례 연구를 토대로 논의한다.

5장과 6장에서는 후기산업사회 젠더 질서의 변화를 다룬다. **5장 '젠더 질서의 균열과 갈등'**에서는 여성의 노동시장 참여가 젠더 질서에 어떤 변화를 가져오는지 현황을 중심으로 검토하고, 여성 취업 증가로 인한 일·가족 충돌을 역할 갈등과 시간 갈등의 측면에서 분석한다. 여성의 노동시장 참여에 따라 가족 안에서 갈등을 조정하는 젠더 협상이 이루어지는데, 여성들은 성평등에 대한 열망과 현실 사이에서 전략적 선택을 하고 있음을 논의한다. **6장 '여성의 노동 경로와 가족: 젠더·계층'**에서는 가족의 사회 경제적 위치와 젠더 규범이 결합하면서 구성되는 기혼 여성의 노동 생애 과정을 논의한다. 기혼 여성 노동의 특성과 노동 생애가 계층에 따라 어떤 차이가 있는지, 이들의 임금 노동이 가족 간의 경제적 불평등에 어떤 효과를 미치는지에 대해 검토한다. 그리고 여성의 노동 생애를 구성하는 젠더 요인, 특히 이상적 노동자와 좋은 어머니라는 도덕적 틀이 계층적 위치에 따라 어떻게 달라지는지 사례를 통해 분석한다.

에필로그 '가부장제 이후를 상상하며'에서는 포스트가부장제를 넘어서 성평등이 실현되는 가족과 사회를 상상해본다. 후기산업사회에서 젠더 질서는 긴장과 균열을 보이지만, 공·사 영역으로 분리된 성 역할을 포함한 근대적 젠더 규범 해체에 이르지 못하고 있다. 가부장적 젠더 규범이 아닌 우리의 삶과 사회 조직을 평등하게 구성할 수 있는 대안적 젠더 규범을 논의한다.

1장

후기산업사회 가족과 젠더

산업사회 핵가족의 보편성을 주장해온 기능주의 가족 이론은 후기산업사회로 진입하면서 비판과 도전을 받았다. 핵가족에 대한 비판은 세 가지 이론적 관점에서 논의되었다. 젠더 정치학의 관점에서 근대 핵가족의 가부장성을 비판한 페미니스트 연구,[1] 사회 문화적 이질성에 따른 차이에 주목함으로써 획일적이고 정태적인 '정상가족' 개념에 도전한 가족 다양성 관점에서의 연구, 그리고 후기 근대 가족 변화를 개인화individualization 추세로 보는 논의이다. 성 역할의 기능적 필요

1 핵가족과 페미니즘 관련 문헌으로는 이재경(2003), Barrett and McIntosh(1982), Beck-Gernsheim(1998), Thorne and Yalom(1982)이 있다.

와 부부간의 수평적 분업을 전제하는 핵가족 이론과는 달리, 페미니스트 연구는 가족 내 젠더 위계와 여성 억압을 드러내고, 생물학적, 보편적, 자연적 제도로서의 가족 개념에 도전한다. 가족 다양성 관점에서는 '결손'이나 '비정상'으로 범주화되었던 가족들에게 제도적 동등성을 부여하고자 했다. 한편 개인화는 후기산업사회에서 사회 구조나 공동체 압력보다는 개인의 선택이나 삶이 중요해짐을 강조한다. 개인화 추세는 가족 변화의 주요 동인이며, 다양성은 인구 동태적 변화의 결과로 나타난 현상으로 볼 수 있다. 이 장에서는 우선 산업화 이후 한국 가족에 관한 연구를 이끈 세 가지 관점에 대해 정리하고 이를 젠더 정치의 맥락에서 비판적으로 논한다. 다음으로 근대적 젠더 이분법의 관점에서 본 한국 가족 변화의 주요 쟁점에 대해 살펴보고, 평등에 이르는 단계적 전략으로서 젠더 경계의 재구성 또는 젠더 유연성flexibility 개념을 제안하고 논의한다.

1. 가족에 관한 기존 논의

페미니스트 연구

한국 가족에 관한 페미니스트 연구는 한편으로는 핵가족 이론을 비판하고, 다른 한편으로는 가족의 가부장성을 쟁점화했다. 특히 여성학이 소개된 1980년대 이후부터 핵가족이나 가부장적 전통에 대한 기능주의적 해석을 비판하며 가족 내 젠더 정치에 주목했다. 서구의 페미니스트 가족 연구는 근대 핵가족에 대한 비판[2]이 주를 이루었지만, 우리 사회에서는 핵가족에 대한 비판과 함께, 산업화 이후 핵가족화 추세가 가부장적 전통과 어떻게 충돌, 조정, 결합하는지를 논의해왔다. 산업화 이후 한국 가족에 대한 페미니스트 연구의 주요 쟁점을 간략히 정리하면 다음과 같다.

첫째, 핵가족 이론에서 기능적 분담으로 지지되었던 성 역할에 문제 제기를 하면서 불평등한 성별 분업과 권력 구조를 쟁점화했다. 젠더는 근대 가족을 조직하는 핵심적인 요소이며, 일상생활에서뿐만 아니라 사회 제도의 차원에서도 인간의 사회적 관계와 행위, 감정과 심리적 지향을 규정하는 사회 문화적 구성물이다. 성별에 따른 역할 분담, 양육 방식과 책임, 성적 표현과 행위, 심리적 성향이나 정체성 등이 가족을 통해 재생산되고 가족을 조직한다(Risman, 1998; 이재경, 2003: 23). 구조기능주의 이론에서는 남편의 도구적instrumental 역할과 아내의 표현적expressive 역할을 특징으로 하는 핵가족이 근대 산업사회의 기능적 요구를 충족시키고 있다고 주장했다. 부부간의 역할 분담을 생물학적으로 주어진 자연스러운 것으로 설명하고 있으며, 효율적이고 기능적이며 공평한 분업으로 간주한다. 그러나 여성학자들은 성 역할을 평등한 것으로 가정하는 핵가족 이론이 가족 내 불평등한 권력관계를 은폐하고 정당화한다고 비판했다(이재경, 2003: 41-58; 조형,

2 근대 핵가족에 대한 페미니스트 연구는 생물학적 요소에 기반을 둔 자연적natural 제도라는 가족의 보편성, 성 역할의 생물학적, 기능적 필요 등을 비판하고, 사랑이 충만한 안식처인 사적private 가족에 대한 가정이 경험적 현실이라기보다는 이념적 구성이며 문화적 신화라는 점을 강조한다(이재경, 2003: 21).

1992; 조혜정, 1981). 다시 말해 성별 분업을 토대로 한 핵가족은 남녀 간의 노동과 자원의 불공평한 분배를 통해 불평등한 권력관계를 유지·재생산하게 된다고 보는 것이다.

둘째, 불평등한 젠더 관계에 관한 페미니스트 연구는 가족 내 여성의 경험을 드러내고 이론화했으며, 이 과정에서 연구 주제를 확장하고 새로운 개념을 도출했다. 여성학자들은 가부장적 사회에서 지식과 담론은 남성의 관점이며, 여성의 목소리나 경험을 간과했다는 비판을 해왔다. 남성 중심적 학문에서는 여성을 하나의 변수로 취급할 뿐 그들의 입장이나 시각을 반영하지 않는다.[3] 한국 가족 연구에서 여성의 목소리가 중요한데, 전통적으로 여성은 남성 중심의 가부장적 가족을 유지하는 도구적인 존재로 주변화되어왔기 때문이다. 생물학적 차이에 근거한 성 역할 고정관념을 당연시하고, 여성에 대한 억압이나 차별에 대한 성찰이 부재한 기능주의 가족 연구는 '객관성'[4]으로 포장하지만, 사실은 남성의 관점이다. 성별 분업과 위계를 특징으로 하는 근대 (핵) 가족은 가족 내의 여성과 남성의 삶을 다르게 만든다. 생계 부양이라는 남성 가장의 역할과 자녀를 양육하는 헌신적 어머니의 역할로 나

---

3 '여성 더하기add women and stir' 또는 '부가적 변수로서의 여성'으로 범주화하는 연구들은 기존의 서구 중심적, 남성 중심적 인식론이나 이론틀에 도전하지 않고 성별을 하나의 변수로만 취급해왔다(이재경, 2004c). 따라서 성별 차이를 생산·재생산하는 가부장적 사회 구조나 남성 중심적 지식 생산 과정에 대한 문제 제기 없이 주로 성 역할이나 성별 차이에 주목하기 때문에 기존의 가부장적 편견을 강화할 수 있는 위험이 있다.

4 여성학에서는 가부장적 권력관계가 작동하는 한 객관성의 개념은 남성의 관점에서 구성될 수밖에 없으며, 고로 지식 생산 과정에서 가치 개입을 배제한 객관성을 전제할 수 없다고 본다(Chafetz, 1997; 이재경, 2000).

누는 가족 내 성별 분업은 집을 남성에게는 안식처, 여성에게는 일터로 만든다. 이러한 배경에서 페미니스트 가족 연구의 주제는 가사 노동(박언주, 1995; 박혜경, 2008; 이재경·나성은·조인경, 2012), 모성(박혜경, 2009; 심영희·정진성·윤정로, 1999; Lee, 1999), 결혼(박혜경, 1993)과 이혼(김혜련, 1995), 아내 구타(정희진, 2001), 권력관계(이재경, 2003; 조형, 1992, 조혜정, 1981) 등으로 확장되어왔다. 방법론적으로도 주로 심층면접의 방법으로 여성 경험을 분석함으로써 계량적 분석을 한 이전의 가족 연구와 차별성을 보여주었다.

셋째, 정상가족 개념에 대한 비판이다. 2차 세계대전 이후 미국의 사회 변동을 산업화와 핵가족으로 규정한 구드(Goode, 1963)의 이론을 여러 학자가 유사하게 반복하면서 정상가족의 형태와 기능에 관한 보편적 믿음이 강화되었다. 그러나 혈연·입양으로 맺어진 부모와 자녀로 구성되며, 생계 부양을 책임지는 남성과 전업주부 여성으로 역할이 나누어진 핵가족은 현실이라기보다 문화적 이상에 가깝다. 보편성에 대한 믿음은 단일한 가족 개념에서도 찾을 수 있다. 가족에 대한 정의는 이념적 차원에서 혹은 법적, 제도적인 목적으로 만들어진다. 가족의 경계나 범위에 대한 규정은 법적 의미가 있으며, 가족과 타 사회제도 간 상호작용의 준거가 된다. 그러나 단일하고 정태적인 개념 규정에서는 가족이라는 다양한 실체를 구성하는 개개인들의 역동적인 모습과 현실에 대한 이해를 보여주기 어렵다.

우리 사회에서도 다양한 가족 관련 담론의 확산에도 불구하고, 정상가족을 지지하는 정책 담론이 지속되었다. 「건강가정기본법」은 2004년 당시 많은 논란(이재경, 2004a; 김혜경, 2005)이 있었음에도 불구하고 제정되어, 2005년부터 시행되고 있다.[5] 이 법은 명칭에서 이미 건강한 가정과 건강하지 못한 가정을 이분화하고 결과적으로 핵가족의 정상성을 옹호한다. '건강'이나 '정상'이라는 용어는 바람직한 것을 의미하고, 그 반대에 건강하지 않거나 비정상인 것을 상정한다. 이러한 이분법적 사고나 인식은 필연적으로 가치 판단이나 차별을 동반하게 된다. 특히 핵가족은 주로 중간 계층의 삶을 중심으로 개념화되었기 때문에 사회 경제적 지위가 낮은 계층의 가족생활과 경험을 담아내기 어렵다. 이때 핵가족의 전형성에 부합하지 않는 가족 내에서의 경험은 '정상' 또는 '건강' 가족의 경계 바깥에 위치하게 되고, 이들 가족 구성원들에게 결핍과 위기를 느끼게 한다. 가족의 계층적 차이에 주목하는 페미니스트 연구들은 계층에 따른 가족생활의 차이(이재경, 2003; 조주은, 2004), 모성과 어머니 노릇(이재경, 2004b; 박혜경, 2009), 일과 가족생활(이재경 · 이은아 · 조주은, 2006), 이주 결혼(이은아, 2013; 2015), 동성애 친밀성(김순남, 2013; 한빛나, 2015) 등의 주제를 중심으로 가족의 다양한 경험을 드러냄으로써 보편적이고 이상적인 핵가족 개념을 비판해왔다.

마지막으로 페미니스트 연구는 가족의 가부장성을 드러내고 쟁점

5 「건강가정기본법」은 제정 이후 여러 차례 개정을 거쳐 '다양한 가족 구성권' 담론을 수용하고자 했다. 즉 혈연과 이성애를 토대로 한 핵가족을 넘어서 다양한 가족 형태와 동반 관계를 인정하고자 하는 노력이 있었다. 특히 여성가족부는 2021년 제4차 계획에서 '가족 다양성 포용'을 1순위 과제로 올리고, '정상가족'이라는 전제를 숨긴 채 '다양한 가족'을 부수적 과제로 덧붙이는 수준에 그쳤던 3차까지의 계획과 차별화했다. 그러나 법 명칭을 수정하지 않는 한 다양성을 포용하고자 하는 개정안은 한계가 있다(이재경, 2021: 81-83). 또한 여성가족부에서 제출한 4차 개정안은 보수적인 단체와 세력의 반대에 부딪혀 원안대로의 통과도 미지수이다.

화했다. 전통적으로 부계 혈통을 중시하는 한국 가족은 호주제라는 제도적 기반을 바탕으로 가부장적 위계를 보장해왔다. 1960년 1월 1일부터 시행된 가족법은 부계 가족 제도를 근간으로 해서 구성되었다. 특히 호주 제도, 친족 관계, 혼인 관계를 규정한 영역에서 가족의 형성과 승계와 관련된 조항들을 통해 가부장적 대가족과 부계 혈통 중심, 혈연 중심의 가족 관계를 강조해왔다. 이후 몇 차례의 개정을 통해 민주적이고 자유주의적 평등 이념이 부분적으로 도입되었으나 전체적으로 가부장적 가족 제도의 틀을 유지하고 있다고 비판받았다. 2005년 호주제 폐지를 골자로 하는 민법 개정안이 공포되어 2008년 1월 1일 이후 가족법에서 호주제 조항이 완전히 폐지되기까지 여성계의 많은 노력과 연구가 있었다(양현아, 2012; 이재경, 2003; Lee, 2000).

한편 가족의 가부장성에 관한 연구는 핵가족화에도 불구하고 가족주의가 지속하는 현상에 주목했다(이재경, 1999; 조혜정, 1988). 기존 연구에서 지적했듯이 한국은 1960년대 이후 급속한 산업화와 도시화가 이루어지면서 부부 중심의 핵가족 이념이 강화되는 특징을 보인다. 그러나 실천적 양상에서는 여전히 부계 중심의 직계 가족 범위에서 가족 관계가 유지되는 현상을 보였다. 이런 점에서 한국 가족은 단순히 전통의 퇴조나 근대성의 확산으로 보기도 어렵고, 핵가족화되어가는 과정으로 보기도 어렵다. 1990년대 도시 중산층 여성의 가족 경험을 분석한 이재경(1999)은 여성들이 핵가족의 이념을 수행하면서도 직계 가족의 범위에서 행위를 하는 현상을 신가족주의로 명명했다. 여성들은 가족의 가부장성에 저항하면서도 동시에 핵가족의 생존과 번영을 위해 양계적 방향으로 대가족적 연대를 꾀하는 것이다. 20여 년이 지난 현재에는 한국 가족이 어떤 모습을 띠고 있는지, 그 함의는 무엇인지를 밝히는 것이 이 책의 주요한 목적 중 하나이기도 하다.

가족 다양성[6]

1990년대부터 낮은 출산율, 이혼 증가, 혼인 감소 등으로 나타난 가족 변화는 사회적 우려와 관심을 증폭시켰다. 단일한 정상가족을 지지하는 기능주의 논의에서는 가족의 변화를 '가족 해체', '가족 쇠퇴', '결손 가족' 등으로 규정해왔다. 즉 가족 변화를 위기로 인식하고, 그 원인을 개인이나 가족의 도덕적 실패로 간주하는 경향이 있었다. 그러나 이러한 진단은 산업사회 서구 중산층을 모델로 한 정상가족 규범에 따라 핵가족을 특권화시킴으로써 다른 형태의 가족을 차별하고 비정상화한다는 비판을 받았다.[7] 이러한 위기 담론에 대한 비판은 가족 다양성 관점이 주도했다. 1994년 UN이 정한 가족의 해에서 가족family이 아닌 가족들families이라는 용어를 사용하자는 제안을 한 이후 1990년대 중·후반부터 가족 변화의 성격을 다양성의 확대로 보는 논의가 시작되었다. 관련 연구에서는 부부와 자녀로 구성된 핵가족의 감소와 무자녀 부부 가족이나 1인 가구의 증가가 나타나는 한편, 이혼 및 재혼, 국제결혼의 증가, 노인 가구의 증가 등이 확인되었다. 후기산업사회

---

6 가족 다양성 논의는 이재경(2015: 285-289)에서 발췌·보완한 것이다.

7 이러한 담론을 김혜경(2005)은 '가족 해체론'이라 하고 '가족 변화론'과 대비시켰다. 가족 해체론의 입장에서는 이혼, 동거 부부, 한부모, 무자녀 부부, 취업모 증가, 자녀 돌봄의 위기, 출산율 하락, 결혼 연령의 상승, 만혼 등의 현상을 '가족의 위기와 쇠퇴'로 인식하며 심각한 사회 문제로 접근하는 것이다.

가족 일상의 변화와 다양한 형태를 가진 가족들의 증가는 정상가족의 규범에 도전이 되었다. 따라서 가족 다양성 관점에서는 하나의 가족 개념이 비현실적이므로 가족에 대한 정의를 완화하고, 이 과정에서 가족 해체로 진단하고 결손이나 비정상으로 범주화했던 가구를 일탈로 보거나 차별하지 않고 포용하고자 했다. 즉 가족생활에 대한 보편적 기준을 만들지 않고 다른 형태의 가족을 제도적으로 동등하게 위치시키고자 한 것이다.

그러나 '다양성'이라는 용어가 여러 가족 형태를 수용하고 있으나, 가족생활의 차이를 단지 수평적으로 나열하는 데 그친다는 비판이 있었다(문소정, 2008). 즉 계층, 성별, 세대에 따라 차별적 현실에 처한 이질적 가족들을 정상가족을 기준으로 한 변이 현상으로만 여기며(Scanzoni, 2001; 이재경, 2004a), 가족의 형태를 정태적으로 접근함으로써 개인의 삶과 가족생활의 지속적 변화를 설명하는 데 한계를 보여준다는 것이다. 또한 가족 형태나 가구 구성과 같은 구조적 차원, 입양이나 국제결혼과 같은 결합 방식의 측면, 그리고 동성애나 비혈연 가구와 같은 성적 지향이나 생활 양식의 차원이 혼재되고 목록화되어 있다(문소정, 2008; 심영희. 2011). 결과적으로 다양성 관점은 혈연을 넘어서는 가족 구성의 원칙 또는 방식, 동성 결혼 등 급진적인 결혼 제도의 변화, 시공간적 분리에 기반한 초국가적 가족의 출현 등에 대해서 충분한 개념적, 이론적 틀을 제공해주지 못하고 있다.

또한 가족 다양성은 일정 시점을 기준으로 가족생활을 단면적으로 봄으로써 한 개인이 전 생애과정을 통해 다양한 가족 경험을 한다는 사실을 간과할 수 있다. 가족 변화에 대한 분석의 초점이 가족 구조에서 가족 경로family pathway로 수정되어야 함을 주장한 거슨(Gerson, 2010)은 가족 형태나 구조에 대한 기존의 정태적 정의는 한 개인이 생애를 통해 여러 형태의 가족으로 살아간다는 사실에 주목하지 않았다고 비판한다. 가족 경로란 결혼, 이혼, 재혼 등 가족생활의 변화뿐 아니라 생애과정에서 다양하게 경험하는 노동 경로, 즉 전일제 고용, 시간제 고용, 양육을 위한 경력 단절 등이 교차하는 취업 경로를 포함한다.

개인화와 가족 변화

개인화는 서구 사회 근대화의 장기적인 변동 과정을 설명하기 위해 사용된 개념이다. 개인의 정체성과 행위에 가족과 같은 집단의 영향력이 작아지는 반면, 개인의 선택과 책임이 증가하는 형태로 생활 양식이 변화하는 것을 의미한다. 근대의 여러 사회 제도는 개인을 집단의 일원이 아닌 개인으로 행동하도록 만든다. 근대 사회에서 시민적, 정치적, 사회적 기본 권리와 경제, 고용, 교육 등 여러 제도는 집단이 아니라 개인을 기준으로 설계되었다. 사람들이 기본권을 내면화하고, 생계유지를 위해 경제 활동을 하는 과정에서 개인화는 과거의 사회적 공존의 토대를 와해시키게 된다. 사회학적으로 개인화 개념은 제도화된 개인주의를 의미한다(Beck and Beck-Gernsheim, 2002/2012, xx-xxv). 개인화는 전체 사회 변동을 설명하는 이론이지만 후기산업사회 가족 변화를 설명하는 주요 개념이기도 하다. 문화적, 제도적 차원에서 개인주의가 확산하면 기존의 가족 질서가 약화되고 가족 관계의 범위, 역할, 규범 등이 재구성되기 때문이다(허은, 2017: 50). 후기산업사회 가족 변화는 이차적 개인화[8]가 이끈다. 벡-게른스하임(Beck-Gernsheim, 2005)은 개인의 선택이 강조되면서 새로운 형태의 친밀한 관계가 나타났고, 따라서 가족에 대한 정의를 내리는 것이 불가능해지며, 전통적 핵가족 규범은 거의 작동하지 않는다고 주장한다. 결혼한 '부부'라는 관계보다는 동거 또는 따로 함께하는living apart together '커플'이나 '파트너' 관계가 많아지는데, 제도화된 결혼 관계와는 달리 친밀한 관계의 성격과 의미는 명확히 규정되지 않는다. 결혼과 친밀성을 구성하는 사회적 관계가 약화하고 점점 개인의 기획project으로 대체되는 과정이 가족 변화의 핵심이다.

개인화 이론을 토대로 가족 변화를 설명하는 연구에서는 대체로 한국 사회의 개인화가 서구의 개인화와 다름을 강조하고 어떻게 다른지에 주목해왔다. 이 논의들은 한국 사회 개인화의 성격을 '개인주의 없는 개인화'(Chang and Song, 2010; 심영희, 2011), '압축적 개인화'(홍찬숙, 2016), '가족 지향적 개인화'(김혜경, 2013; 이순미, 2014), '페미니즘 없는 개인화'(허은, 2017) 등으로 규정하고 있는데, 구체적인 내용에서 다소 차이가 있지만 세 가지 점에서 유사한 주장을 하고 있다. 한국 사회에

---

8 벡Beck은 개인화를 두 가지 단계로 구분한다. 일차적 개인화는 전근대 사회에서 사회적으로 무의미했던 개인이 독립적인 사회적 범주로 형성되는 과정이다. 근대에 노동시장이 형성되면서 개인(남성)의 독자적인 영역이 만들어지게 된다. 성별 분업에 근거한 근대 핵가족은 이와 같은 일차적 개인화의 산물이다. 이차적 개인화는 이미 사회제도 속에서 유의미하게 규정된 개인의 존재로부터 '성찰적 개인화'가 진행되는 것을 말한다. 후기산업사회 경제, 재난, 안전에 대한 위협으로 인해 개인은 위기 상황에 놓이고 산업사회에서 누리던 복지와 안정된 삶이 위협받게 된다. 개인은 스스로 삶의 단위가 되어 가족이나 사회복지가 더는 자신의 안전을 보장할 수 없을 때, 즉 불안해지는 삶에 직면할 때, 스스로 생존을 책임질 수밖에 없다(홍찬숙, 2015: 31-33).

서는 일차적 개인화와 이차적 개인화가 동시에 압축적으로 진행되고 있으며, 개인화 속도에 젠더 차이가 있고, 개인화 과정이 제도적 가족주의와 결합하는 가족 지향성을 보인다는 점이다.

장경섭 · 송민영(Chang and Song, 2010)은 한국에서 개인이란 근대 역사 속에서 형성된 개인주의의 결과라기보다 압축적 근대 과정에서 어쩔 수 없이 개인이 되는 것으로 보았다. 여성 취업, 결혼 감소, 이혼 증가 등 여성의 탈가족화de-familization 현상은 위험 회피적risk-aversive 개인화, 즉 개인주의 없는 개인화라고 주장했다.[9] 한편 김혜영 · 선보영 · 진미정 · 사공은희(2007)는 20세기 후반부터 나타난 만혼 현상을 개인주의의 증대라기보다는 고용 불안이라는 외적 조건에 기인한 것으로 보았다. 그리고 노동시장의 불안정이 개인화를 촉진하는 강제적인 개인화이며, 사회 구조적 위험의 책임이 가족에게 전가되고 있음을 강조했다. 즉 후기 근대의 한국 사회는 제도화된 개인주의가 아니라 제도화된 가족주의[10]가 먼저 작동한 사회라고 볼 수 있다는 것이다.

여성과 가족의 변화를 중심으로 '압축적 개인화'를 주장한 홍찬숙

---

9 장경섭(2018: 6-8)은 '개인주의 없는 개인화' 이후 가족자유주의familial liberalism 개념를 발전시키고 있다. 가족자유주의는 가족이 경제 생산과 사회 재생산을 포괄적으로 관장하며 개인은 가족을 매개로 국가 및 시장경제와 관계를 맺는 사회 체계라고 볼 수 있다. 서구의 후기 근대적 자본주의는 개인 중심성을 지속해서 강화해왔지만, 한국의 경우 부양, 보호, 교육, 주택, 금융, 고용, 심지어 생산, 경영 활동에 걸친 가족의 제도적 중심성은 한국 사회가 개인자유주의individual liberalism, 즉 개인 중심 자유주의라기보다는 가족 중심 자유주의에 기초하고 있음을 말해준다. 자유와 책임의 기본적 단위로서 작용해온 것은 개인이 아니라 가족인 것이다.

10 제도화된 가족주의는 제도화된 개인주의(Beck and Beck-Gernsheim, 2002/2012)와 대비되는 개념인데, 여러 사회 제도의 형성과 운용에서 시민들에게 직간접적 그리고 명시적, 묵시적으로 가족적 차원의 책임 · 의무 · 권리를 강화하고 가족 중심적으로 생활하도록 하는 효과를 말한다(장경섭 · 진미정 · 성미애 · 이재림, 2015: 6).

(2016; 2017: 161)은 한국에서 부계 혈통에 기반한 가부장적 가족에서 핵가족 중심의 가족 개념으로 변화하는 일차적 개인화와, 여성의 노동시장 참여 증가로 인해 성 역할 규범 및 가족 형태에 새로운 변화가 나타나는 이차적 개인화가 동시에 발생하고 있음을 주장한다. 서구 근대화 과정에서 산업사회 전기와 후기의 두 단계로 나뉘어 역사적 시차를 두고 단계적으로 발생한 가족 및 젠더 규범의 변화가 우리 사회에서는 동시에 진행되고 있다는 것이다.

한편 개인화가 가족주의와 결합하는 측면에 대한 논의를 보면 가족 지향의 성격뿐 아니라 개인화의 속도와 내용에서 젠더 차이를 볼 수 있다(김혜경, 2013; 이순미, 2014; 허은, 2017; 홍찬숙, 2015; 2017) 한국 가족의 개인화 성격을 '가족 지향적family-oriented' 개인화로 개념화한 김혜경(2013)은 IMF 경제 위기 당시 노동시장에 진출했던 30대 후반(2012년 기준 38세 전후)의 개인화 경향이 가족주의와 결합하고 있음을 보여준다. 남성의 비혼은 개인주의의 결과라기보다는 남성 생계부양자라는 근대 결혼 규범을 실천하기 어려운 불안정한 노동시장이라는 외적 조건으로 인한 강제적 개인화의 양상으로 나타난다. 그러나 여성의 비혼 사례는 경제적 강제라기보다 부계 가족주의의 의도치 않은 결과로 볼 수 있다. 부계 가족 제도에서 주변적 지위를 가지고 성장한 여성은 남성과 달리 자신의 욕구와 내면에 집중할 기회를 갖게 되고 자아 발견 서사를 강하게 갖는다. 한편 성별을 넘어 비혼자 집단의 개인화 양상은 원가족과의 강한 유대 관계 속에서 진행되었는데, 이는 비혼 집단의 개인화가 '가족 지향적' 개인화의 양상으로 나타남을 보여주는 것이다.[11]

여성이 남성과 비교해 개인화 속도가 빠르지만, 결혼과 출산 이후에 가족 지향성을 보임으로써, 해방의 기획으로서의 개인화는 한계를 보여준다. 허은(2017)은 「여성가족패널조사」 자료를 토대로 여성들의 성 역할 태도가 가족 형성 과정을 거치면서 어떻게 변하는지를 분석했는데, 개인화가 성별 분업에 이중적 영향을 미치고 있음을 보여주었다. 여성의 교육 및 취업 기회 확대는 성 역할 규범을 약화시키지만, 교육 수준의 상승은 역설적으로 자녀에 대한 어머니의 강도 높은 헌신을 요구하는 모성 규범을 강화한다.[12] 개인화는 여성이 직업 활동을 통해 '자신을 위한 삶'을 추구하도록 하는 한편, 모성 규범은 어머니 역할을 중심으로 취업 여부와 직업에 대한 헌신의 정도를 조절하도록 촉구한다. 즉 남성 생계부양자－여성 전업주부라는 전통적 성별 분업은 약화하지만, 여성이 취업하는 맞벌이 가족에서도 생계 벌이는 남성에게, 그리고 가족 돌봄은 여성에게 일차적인 책임을 부과하는 성별 분업이 재구조화될 가능성이 커진다.[13]

개인화가 진전되면 가족이라는 집단보다는 개인으로서 자신의 욕

---

11 가족의 세대 관계 유형을 분석한 이순미(2014: 29)도 개인은 부재하고 가족이 우선시되는 가족 중심형의 규모가 가장 크다고 했다. 성별로 차이가 있는데, 딸의 경우는 가족 중심형 못지않게 개인주의가 수용되는 유형들이 비교적 고르게 분포하고 있지만, 아들은 가족 중심형과 세대 간의 유대가 소원하거나 단절된 개인주의적 형태로 이원화되는 경향이 나타났다.

12 근대 이후 어머니의 헌신적 역할의 강화는 집중적 모성intensive mothering 규범으로 나타난다. 이는 특히 중산층의 모성을 잘 설명할 수 있다. 집중적 모성이란 어머니가 일차적 자녀 양육자이며, 어머니 노릇이 여성 역할 중에서 제일 중요하다는 이데올로기에 기반하여 자녀 중심적, 전문적expert-guided, 감정 소모적, 노동 집약적이며, 높은 비용을 지출하는 집중적 방식으로 수행된다(Hays, 1996: 8).

13 여성 취업에도 불구하고 지속되는 성별 분업에 대한 상세한 논의는 5장에서 한다.

구와 생애 기획을 우선시하는 경향이 강해지는데, 특히 여성의 변화가 주목할 만하다. 20세기 후반 여성의 노동시장 참여가 증가하고, 여성의 남성에 대한 경제적 의존이 약화하면서 성별 분업은 완화하기 시작하며, 여성들은 스스로 삶을 기획할 수 있는 주체성을 확립하게 된다(신경아, 2014: 152-158; 허은, 2017; 홍찬숙, 2015: 31-36). 그러나 여성들의 변화가 개인화의 중요한 축을 담당하고 있음에도 불구하고 가족 지향성은 평등한 젠더 관계로의 변화를 어렵게 한다. 허은(2017)은 가족 지향적 개인화 현상이 가부장적 젠더 규범을 해체하는 데 장애가 되며, 전통적 가족 질서에 내재한 여성에 대한 억압, 배제, 차별을 제거하는 해방의 기획, 즉 페미니즘이 개입되지 않은 '페미니즘 없는 개인화'라고 주장한다.

후기산업사회 한국 가족의 변화를 젠더 정치학이나 개인화 맥락에서 진단하든지, 또는 가족 다양성 관점에서 논의하든지 간에, 이들 분석의 공통된 내용은 근대 핵가족과 성별 분업의 쇠퇴이다. 핵가족 이론에서 전제해왔던 정상가족을 특권화하는 보편성의 논리, 가족을 여타 사회와 분리하는 사私적 가족의 개념, 남녀의 역할과 영역을 분리하는 젠더 이원론dualism 등은 변화하는 가족의 현실을 설명해주지 못하고 있음은 분명하다. 그러나 정상가족 개념이 여전히 지속되는 상황에서 새롭게 나타나는 여러 형태의 가족을 계속 추가해가는 논리 구조를 갖는 다양화 담론과 여전히 강력하게 작용하는 가족주의와 개념적으로 양립하기 어려운 개인화 이론 모두 한계가 있다. 이들 이론은 페미니스트 가족 이론과 높은 친화력을 보이나, 특별히 젠더에 주목하지 않는다.[14] 후기 근대 가족 변화를 이끄는 가장 중요한 요인은 여성의 변화, 나아가서는 공·사 개념에 기반을 둔 젠더 관계의 변화이다. 이러한 배경에서 다음 절에서는 산업화 이후부터 지금까지의 가족 변화를 젠더 정치의 맥락에서 검토해본다.

2. 가족 변화와 젠더 구조

핵가족과 젠더 이분법

페미니즘에서는 근대 지식의 이원론적 사고가 젠더 불평등을 정당화해왔음에 주목한다. 이러한 사고 체계는 세상을 이해하게 하는 중립적인 장치가 아니라 가부장제와 같은 지배 관계 또는 사회의 권력 불평등을 유지하는 정치적 도구가 되는 것으로 본다. 이 도구가 젠더 이원론 또는 젠더 이분법이다.[15] 페미니스트 학자들이 주목해온 것은 젠

14 제2차 인구 변천 이론과 같은 인구학적 논의들도 젠더 관점을 도외시하고 있다는 비판이 있다. 가족의 인구 동태적 변화를 추동하는 가장 중요한 요인은 젠더 혁명(Goldscheider, Bernhardt and Lappegard, 2015) 또는 여성의 혁명(Esping-Anderson and Billari, 2015)이라는 것이다. 젠더 혁명과 출산율, 결혼(또는 동거)율의 관계는 U 커브를 그린다는 주장이다. 여성의 경제 활동 참여가 증가하기 시작하는 초기 단계에서는 결혼이 감소하고 출산력이 하락한다. 그러나 맞벌이와 남성의 가족 돌봄 참여가 본격화되는 추세로 젠더 혁명이 진전되면, 출산율이 오르고, 결혼이나 동거 형태의 안정적인 파트너십을 보여준다는 것이다. 저출산에 관한 젠더 분석은 이재경·조영미·이은아·유정미(2005)를 참고할 것.

15 젠더 이원론 또는 이분법은 사회 구성원을 신체적(생식기) 차이에 근거하여 한 쌍을 이루는 성 정체성 및 성 역할 범주에서 어느 하나의 속성으로 할당 분할하는 사회 체계social system를 말한다(Lorber, 1994). 남성성masculinities과 여성성femininities은 단지 차이를 말하는 것이 아니라 위계를 함축한다. 젠더를 이분화하는 사고와 논리는 남성 지배와 여성 억압으로 귀결되는 일련의 사회적 관행과 문화적 가치들의 기초가 된다

더 불평등을 체계화시킨 공·사 분리 개념이다. 핵가족의 개념도 공·사 이분법을 토대로 구성된 것이다. 공적인 영역은 비개인적impersonal인 사회관계가 지배하는 시장, 국가, 시민사회 등을 포함하고, 사적인 영역은 개인적인 관계로 작동되는 영역, 즉 가족을 말한다. 젠더 이분법은 여성성과 남성성을 배타적 범주로 구분하는데, 남성성과 공적 행위, 공적 영역을 동일시하고, 여성성을 사적인 행위나 사적 영역과 동일시한다. 이러한 이분화된 사고 체계는 성차별과 불평등을 합리화하는 이데올로기로 기능해왔다.

그러나 현실에서 공적인 영역과 사적인 영역은 이분법적으로 대립하는 분리된 영역이라기보다는, 상호 의존적인 사회관계로 보아야 한다. 예컨대 임금 노동에서 남성들의 유리한 입지는 여성이 대부분 가사와 자녀 양육을 무임으로 수행한다는 사실로부터 분리하여 이해될 수 없다(Pilcher and Whelehan, 2004: 124-128). 그럼에도 공·사 분리 개념은 가족과 노동시장, 친밀성intimacy과 시장market, 가족과 사회(또는 국가)를 배타적 영역으로 간주했으며, 남성과 여성이라는 젠더 이분법, 정상(가족)과 비정상(가족), 이성애와 동성애 등의 배타적 구분과 경계를 보편적으로 차용해왔다. 이런 배경에서 젠더 이분법은 후기산업사회 가족 변화와 관련해서 다음의 네 가지 점에서 중요하다.

첫째, 젠더 이분법은 일과 가족, 즉 노동시장과 가족을 분리한다. 핵

(Pilcher and Whelemn, 2004). 그러나 성sex과 젠더에 대한 최근 연구들은 성차에 부착된 의미들 그 자체가 사회적으로 구성된 것이고 변화 가능하다고 본다. 인간을 남성과 여성으로 나누는 것은 생물학이면서 동시에 사회 문화적 구분에 의한 것이다. 성과 젠더, 섹슈얼리티는 상호 구성된다는 후기 근대적 통찰은 근대 젠더 이분법에 도전이 되고 있다(이재경, 2014: 114).

가족 모델에서는 남녀를 일과 가족의 영역에 각각 배치하는 성 역할을 효율적이며 기능적인 것으로 본다. 근대 가족이 남성을 생계부양자로 노동시장에 배치하고, 여성을 돌봄을 담당하는 정서적 지원자로 가족에 배치하는 것이었다면, 20세기 후반부터 나타난 가족 변화는 여성의 노동시장 참여를 중심으로 전개되고 있으며 이는 근대적 젠더화gendered[16] 과정이 재구성되는 측면으로 볼 수 있다. 여성의 노동시장 참여로 기존의 젠더 질서에 긴장과 균열이 나타나지만, 사회 문화적 관념과 관행은 여전히 근대적 성별 분업을 넘어서지 못할 뿐 아니라 가족과 노동시장 간의 경계를 유지하고 있다. 동아시아와 서구 선진국가에서 여성의 노동시장 참여가 증가하고 남성의 가사 및 돌봄노동 참여도 늘어나는 추세이지만, 여성의 입장에서나 사회적 기대 수준에서 볼 때는 매우 미흡하다(이재경·나성은·조인경, 2012; Treas, 2010). 근대적 젠더 질서를 변화시키기 위해서는 성 역할 및 개인, 가족, 노동시장의 사회적 역할에 대한 재정의가 이루어져야 하며, 새로운 정의를 바탕으로 기존의 영역과 경계가 유연하게 적용될 수 있어야 한다(이재경·김경희, 2012).

둘째, 젠더 이분법은 친밀성과 시장market을 분리한다. 감정, 사랑, 애정, 친밀성, 돌봄은 비물질적이고 노동이 아니며, 자연스러운 여성성에 기반을 둔 역할이고, 경제의 영역과는 분리된 것이라 보는데, 이러한 신화는 근대의 산물이다. 소비자본주의 사회에서 결혼 산업, 감

16 젠더화된다는 것은 가부장적 사회에서 남녀의 차이가 지속해서 생산되고 재생산되는 과정gender process, 계층gender stratification, 그리고 구조gender structure를 의미한다(이재경, 2003: 175; Lorber, 1994).

정 및 서비스 노동, 돌봄 산업, 치유 산업 등은 친밀성의 신화를 해체하고 있으며, 개인이 가진 사랑과 친밀성에 대한 욕구와 경제적 필요가 상호 결합되는 현상을 일상적으로 볼 수 있다. 비이성적이고 사적인 영역으로 간주되며 가족 안에서 배타적으로 수행되었던 사랑, 친밀성, 돌봄의 행위는 연애와 데이트 산업, 결혼 산업, 돌봄 산업, 실버산업 등으로 대체되면서 공적 영역화되고 있다. 시장에서는 노동력이나 서비스뿐만 아니라 이와 관련한 소비재가 유통된다. 경제적 합리성과 교환의 논리가 인간의 감정적 관계를 지배하는 현상에 대한 우려가 커지고 있지만, 이러한 현상은 오히려 빠르게 진전되는 것처럼 보인다. 지금은 가족생활과 시장을 분리된 영역으로 사고할 수 없다는 것이 현실이다(윤영수, 2015; 이재경, 2009; Hochschild, 2012; Illouz, 1997).

셋째, 젠더 이분법은 가족과 사회, 또는 가족과 국가를 분리한다. 가족과 사회의 분리 또는 공사 이분법에의 도전은 페미니즘의 중요한 과제이다. 근대의 위계적 공사 이분법은 공적 세계를 중요한 것으로 여기고 사적 세계를 공적 세계보다 덜 중요한 것, 공적 세계를 위해 봉사하거나 희생해야 하는 것으로 규정해왔다. 이러한 공사 이분법은 여성은 사적 세계, 가족에 적합한 존재로, 남성은 공적 세계에 적합한 존재로 인식하는 성별 분업과 서로 연관되어 있다(이재경, 2003: 32). 페미니스트들은 '개인적인 것은 정치적이다'라는 구호 아래 여성의 사적인 경험을 사회적 쟁점으로 부각시키고자 노력하면서, 가족을 국가, 시장, 사회와는 무관한 사생활의 영역으로 간주하고 개입하지 않으려는 근대 국가의 행위에 대해 지속적으로 비판했다. 그러나 가족생활은 경제 조직, 국가, 여타 사회 제도들과 밀접한 관련을 맺고 있으며, 국가의 정책은 다양한 방식으로 지속해서 가족생활에 개입하고 규제한다. 예를 들어 출산 억제를 목적으로 가족계획사업을 공격적으로 집행했던 1960년대에서 1980년대 시기, 그리고 정책 방향을 급선회하여 출산 장려에 집중한 1990년대 이후부터 현재까지 국가의 정책 행위가 소위 사생활로 간주되는 임신·출산에 적극 개입하는 것을 볼 수 있다. 또한 사회에 내재한 실천과 규범, 질서는 가족을 매개로 작동하고 유지되며, 사회 구조와 체계는 가족을 통해 재생산되면서 사회의 현상 유지와 작동에 기여한다. 이는 가족과 사회 또는 국가가 서로 밀접하게 연관되어 있음을 보여주는 것이다.

마지막으로 이원론적 또는 이분법적 사고는 이성애 핵가족 개념에도 내재되어 있는데, 이는 가족을 정상과 비정상으로 이분화한다. 부부와 미혼 자녀로 이루어지고 부부간 성 역할 분리를 전제하는 핵가족이 산업사회에서 보편적인 가족 형태이며, 규범적으로 바람직한 것으로 보는 것이다. 보편성에 대한 가정은 정상가족이라는 신화를 창출하여 가족생활을 규제하는 이데올로기로 작동해왔다. 근대 이원론적 사고 체계는 젠더를 이분화할 뿐 아니라 핵가족 규범에까지 영향을 미친다. 핵가족 규범에 내재된 이분법은 다양하게 나타나는 가족 형태나 삶의 방식을 단순히 수평적으로 분리하는 것이 아니라, 위계와 차별을 구조화한다는 근본적인 문제가 있다.

젠더 경계의 재구성과 한국 가족

가족 내 성별 분업, 정상·비정상가족, 공·사 영역 분리(예를 들어 노동과 가족, 국가와 가족, 시장과 가족 등)라는 이분법적 인식이나 사고는 현재 급변하는 한국 가족의 현실을 설명하는 데 한계가 있으며, 따라서 정책 대안을 모색하기도 어렵게 만든다. 젠더 관점에서 산업화 이후 가족 변화를 정리하고, 변화 과정을 이원화된 젠더 구조의 재구성 과정으로 이해해야 함을 주장하고자 한다. 산업사회에서 분리된 것으로 전제했던 다양한 영역들이 가족 변화의 과정에서 재배치·재구성되고 있음을 논의하며, 주요 쟁점은 <표 1-1>에 정리했다. 가족의 변화는 젠더 이분법적 경계를 재구성하고 있다는 입장에서 공·사 영역 분리, 젠더 관계, 가족 구성, 주요 이론이나 담론 등을 중심으로 가족 변화 과정의 시기별 특징을 도출하고자 했다. 시기별 쟁점과 주요 내용은 다음과 같다.

첫째, 1960년대부터 1980년대 초반까지 한국 사회의 지배적 담론은 산업화와 근대화였다. 이러한 현상은 가족도 예외가 아니었으며 서구의 근대 핵가족 담론이 확산되어왔다. 특히 평균 가구원 수와 3세대 이상 가구의 규모가 감소하고, 가족계획사업으로 자녀 수가 줄어들면서 한국 사회는 핵가족화되어가고 있다는 평가가 지배적이었다. 1960년 5.7명이었던 평균 가구원 수는 1980년 4.5명, 1985년에는 4.2명으로 줄었으며, 3세대 이상 가구의 비중은 1960년 28.6%에서 1985년 16.2%로 감소했다.[17] 1950년대 이후 전쟁과 분단으로 전통적 가족생활에 위협을 받았지만, 부계 가족주의 가치는 지속되었다. 산업화 시

<표 1-1> 젠더 이분법의 관점에서 본 한국 가족 변화

시기	공·사 영역 배치	젠더 관계	가족 구성	주요 이론(관점)	문제의 재현
1960~ 1980년대	공·사 분리 일 대 가족 친밀성 대 시장 가족 대 사회(국가)	젠더 이분법 경직된 성별 분업 이성애 중심 이상적 노동자 규범	남성 부양자 모델 부계 혈연 중심 이성애 핵가족	정상(핵)가족	가족 문제 가족 문제 일탈(비정상)가족
1990년대	공·사 분리 일·가족 갈등 가족· 국가 갈등 (복지 책임에 대한) 친밀성 대 시장	젠더 이분법 성별 분업에 대한 도전 성평등 담론 이성애 중심 이상적 노동자 규범	1.5인 생계부양자 부계 혈연 중심 이성애 핵가족	정상(핵)가족	사회 문제 가족 해체(위기) 여성 문제 모성권과 노동권의 갈등
2000년대	공·사 분리에 대한 도전 일·가족 갈등 심화 가족(돌봄) 정책 가족 일상의 상품화	젠더 이분법 성별 분업 약화 성평등 담론 이상적 노동자 규범 이성애 규범에 대한 도전	이인 생계부양자 다양한 가구 구성 복합(조각보)가족	개인화 가족 다양성 제2차 인구 변천	사회 문제 저출산 돌봄의 위기 부모권과 노동권의 갈등 가족생활의 상품화
2010년~	공·사 경계의 유연화 일· 가족 양립 친밀성의 상품화 보육 정책의 확대 복지의 확대	젠더 이분법에 대한 도전 성별 분업의 유연성 확보 이상적 노동자 규범 약화 노동 시간의 단축·유연화 이성애 규범 약화	이인 생계부양자 가구 구성의 유연화 생애과정의 탈표준화	젠더이분법의 재구성 (핵)가족의 탈제도화· 탈표준화	사회 문제 일·가족 갈등: 돌봄과 소득 가족 제도·노동시장 구조 충돌 성평등 둘러싼 갈등

기 성장한 도시의 사람들은 서구적인 핵가족을 근대적인 생활 양식으로 수용하고 이상화했다. 한편 가족주의를 경제 발전 모델의 이념적 자원으로 활용해온 국가는 가족을 생산 과정에서 분리된 영역으로 간주해 개입하지 않았으며, '선가정, 후복지'의 정책 기조 아래 산업경제를 유지하는 데 필요한 재생산 비용을 여성에게 떠맡겼다. 당시 여성들은 자녀를 양육하고 남성 가장을 내조하는 어머니이자 아내이며, 경제 성장을 위해 산아제한 정책을 충실히 따르는 국민적 모성으로 호명되었다. 이 과정에서 근대 핵가족의 토대인 남성 생계부양자와 전업주부라는 성별 분업 이데올로기가 현실에서 구현되었다(김연주 · 이재경, 2013). 핵가족과 성 역할은 공과 사를 분리하는 이분법에 근거하는데, 가족과 노동시장, 친밀성과 시장, 가족과 국가로 분리되며, 남성과 여성, 이성애와 동성애, 정상과 비정상 가족 등도 배타적 범주로 이분화된다.

둘째, 1990년대에는 가족과 일(노동) 영역 간의 긴장이 보이기 시작했으며 성평등 담론이 가족생활에도 영향을 미치게 되었다. 기혼 여성의 경제활동참가율이 증가하면서 근대적 가정중심성은 도전을 받기 시작했다. 여성의 소득 활동이 활발해짐과 동시에 보다 평등한 삶의 방식에 대한 여성들의 기대가 높아졌다. 그러나 여전히 가부장적인 질서에 의해 지배되고 있는 가족의 현실에서 취업한 기혼 여성들은 직업과 가사 · 양육 노동의 이중 부담에 처하게 되었다. 특히 양육 노동에 대한 사회적 지원이 매우 취약한 상황에서 이 시기 여성들에게 노

17 통계청, 「국가통계포탈」, http://kosis.kr.

동할 권리와 모성 권리의 온전한 보장은 요원한 것이었으며, 공·사 분리의 신화는 여성에게 모성 역할의 침해나 노동권의 박탈을 은폐하는 결과를 초래했다(이재경, 2005). 여성들은 부부간 가사 및 자녀 양육 분담을 요구해왔지만, 돌봄을 여성의 일차적 책임으로 전가하는 젠더 규범과 가족 내 성별 분업의 변화 속도는 매우 느렸다. 이러한 현실에 대응하는 여성의 행위는 비혼 또는 결혼 및 출산 지연 또는 소자녀 출산으로 나타나기 시작했다.

셋째, 1997년 IMF 외환 위기 이후 노동시장의 재조직화는 가족생활에 많은 영향을 미치게 되었다. 노동시장의 변화는 고용 불안을 증대시키며 중간 계층과 노동자 계층의 경제적 불안을 심화시켰다. 비정규직 등 고용 불안은 가구 경제에 위협이 되는 한편, 심화된 경쟁으로 인한 노동 시간의 증가는 가족생활에 대한 제약으로 나타나기도 했다. 이러한 상황에서 부모들은 시간 부족과 일·가족 갈등을 겪게 되고, 강화된 노동시장의 압력과 가구 유지(또는 소비)에 대한 높은 사회적 기준은 가족 관계에 대한 위협이 되었다. 부부와 부모 자녀 사이의 정서적 자원을 나눌 수 있는 절대적 시간은 감소하고, 친밀성을 충족할 수 있는 가족의 역량은 저하되었다. 한편 일과 가족 영역의 변화에 대한 제도적 지체는 가족 내 돌봄care의 공백을 초래했다. 특히 증가하는 맞벌이나 한부모 가구에서 돌봄의 공백이 생기지만, 이에 대한 제도적 지원이 매우 미흡한 상황에서 남녀 누구도 노동시장의 조건과 가족생활을 병행하기 어렵게 했다. 일과 가족의 이중 역할을 해왔던 취업 여성들은 더는 양육과 돌봄의 책임을 자신의 역할로만 인식하지 않았다. 돌봄 노동에 대한 정책적 지원은 가족의 단기적 요구를 조정할 수 있지만, 성별 분업을 해체하는 패러다임 전환에 미치지 못했다(이재경, 2015). 이러한 제도적 지체의 결과로, 돌잔치나 상조 서비스 같은 가족 서비스 산업, 연애 상담을 포함한 데이트 산업, 결혼정보회사 및 웨딩 산업, 그리고 육아와 노인 간병 등 돌봄 산업을 통해 과거 가족 안에서 이루어지던 사생활의 영역이 시장의 상품으로 거래되기 시작했다. 얼핏 보면 가족생활의 시장화 현상은 친밀성과 시장을 이분화하는 공·사 이분법에 대한 도전으로 보일 수 있지만, 개별 가족은 상품 구매 비용을 지불하기 위해 노동 시간이 늘어나고 가족 시간이 줄어드는 역설과 모순을 경험하게 되었다.

마지막으로 2010년 이후 현재까지 나타나고 있는 가구 구성의 변화는 가족 형태의 전형성이 약화하고 유연화되고 있으며, 따라서 단일하고 획일적인 방식으로 규정되는 가족 개념이 더는 유효하지 않음을 보여주고 있다. 개인화 추세는 결혼, 임신, 출산 등의 생애과정이 시기의 측면에서나 성 역할, 성애적 결합 방식이나 승계 등에서 다양하게 결합하여 전개될 수 있음을 확인할 수 있는데, 이는 가족생활에서 근대적 규범이 쇠퇴하는 과정으로 볼 수 있다. 특히 기혼 여성 취업률의 증가와 맞벌이에 대한 개별 가족의 경제적 필요는 성별 분업과 젠더 구조의 불안정성을 심화시키고 있다. 즉 근대 사회에서 가정에 재생산을 담당하는 아내가 있다는 전제로 구성된 이상적 남성 노동자 모델이 후기산업사회에서 일과 가족의 갈등을 초래하는 중요 요인임을 알 수 있다. 이러한 갈등을 해결하기 위해서는 일·가족의 이분법을 해체하는 것이 우선이지만 이는 성별 분업을 포함한 젠더 이분법, 가족 대 사회, 친밀성 대 시장 등 모든 이분화된 경계boundary에 대한 도전이

동시에 이루어져야 가능하다. 또한 개인의 자유와 가족의 다양한 삶을 보장하고 적절한 제도적 지원을 설계하기 위해 가족 개념이나 젠더 역할이 유연화될 필요가 있다. 이는 사회 문화적으로 다양한 선택지option를 제공하고 개인이 자유롭게 선택할 가능성을 높이는 것을 의미한다. 즉 가족에 대한 정의를 완화하고, 경계나 범위를 유연화하고 젠더 역할에 유연성을 증대시키는 전략이 필요할 것이다(이재경, 2015: 286-287).

젠더 경계의 재구성 또는 젠더 유연성은 완전한 성평등의 실현을 의미하는 것은 아니며, 평등에 이르기 위한 단계적 전략이라고 할 수 있다. 젠더 경계를 재구성하기 위해서는 먼저 여성들과 남성들을 불평등하고 고정된 젠더 권력관계 속에 위치시키고 이를 유지시키는 사회적 질서, 규범, 실천 사이의 역동을 이해해야 한다. 또한 젠더 유연성의 확대로 가족의 다양한 실천과 행위가 가능해지면, 성별에 따라 부여된 고정된 성 역할 규범과 젠더 경계에 관한 질문과 성찰로 이어질 수 있다. 이러한 과정 자체가 성평등을 의미하는 것은 아니지만, 성평등에 가까워지는 과정이자 단계로서 중요한 의미를 가질 수 있다.

2장

가족 구성의 탈표준화

근대 핵가족이 쇠퇴하고 있음을 보여주는 한 측면으로 가족의 구성이나 생애과정life course이 다양화, 탈脫표준화되는 현상을 들 수 있다. 서구에서는 후기 근대 사회 가족 변화를 탈제도화, 탈표준화 등으로 개념화하려는 시도가 있어왔다(Brückner and Mayer, 2005; Cherlin, 2004; Lauer and Yodanis, 2010; Pailhé et. al., 2014; Widmer and Ritschard, 2009). 제도화institutionalization는 규범, 법 또는 조직의 규칙이 인간 삶의 사회적, 시간적 구성을 정의하는 과정을 의미한다(Brückner and Mayer, 2005: 32). 즉 제도화는 특정 사회 행위를 통제하게 되는 규제, 규범 또는 인지 구조에 반영된 규칙을 취하는 사회적 절차와 약속이 체계화되는 것이다(Meyer & Rowan, 1977; Lauer and Yodanis, 2010: 60에서 재인용). 결혼, 자녀 출산, 교육, 취업 및 퇴직 등 공식적으로 또는 비공식적으로 결정하게 되는 생애 사건에 대한 표준적 지침manual은 제도화의 예로 볼 수 있다. 탈제도화de-institutionalization란 가족이나 결혼과 같은 사회 제도에서 사람들의 행위를 규율하는 규범이 약화되는 것을 말한다. 제도화가 안정적인 단계에 이르면 사람들은 규범에 따라 행위를 하는 타인이나 자신을 당연하게 받아들이며 큰 의문을 제기하지 않는다. 그러나 때로는 급격한 또는 누적된 사회 변동으로 인해 사람들이 공유해왔던 사회적 합의나 규범의 범위를 넘어서는 상황이 만들어져 새로운 행동 방식을 협상해야 하는 상황이 발생한다. 새로운 규범의 등장과 발달은 행위자들 간의 불일치와 긴장을 발생시키고 기존 제도의 오래된 규칙을 무너뜨리고 새로운 방식의 관계와 행위 양식의 형성으로 이어질 가능성을 갖는다(Cherlin, 2004: 848).

한편 생애과정이 표준화standardization된다는 것은 특정 사회나 인구집단에서 진학이나 결혼 등 생애 사건event의 발생 순서가 보편적으로 적용되며, 시기나 단계도 그 사회 내에서 대체로 유사하게 나타나는 것을 의미한다. 즉 표준화된 생애과정에서는 일정 기간을 특정한 행위의 발생 시점이나 단계로 규정하는데, 진학 나이, 결혼 적령기나 결혼 후 자녀 출산·양육기, 퇴직 또는 정년 시점 등을 예로 들 수 있다. 반면 탈표준화de-standardiztion는 표준화된 생애 사건과 과정을 따르는 사회 구성원의 비율이 점차 감소하거나, 생애 사건의 발생 시기나 순서, 단계가 획일적이기보다 다양하게 분산되는 과정을 말한다(Brückner and Mayer, 2005: 32). 이는 표준화 과정에서 볼 수 있었던 사회 구성원들의 행위나 생애 사건 발생의 보편성 또는 전형성이 약화하는 것으로 볼 수 있다. 한국 사회의 경우, 과거 제도로서의 핵가족과 결혼, 자녀 출산 등 표준화된 생애 경로 속에서 졸업, 취업, 결혼, 출산 등의 생애 사건과 상태들은 특정 기간에 순서대로 이행해야 하는 자연스러운 삶의 단계로 여겨졌다. 그러나 비혼 동거, 무자녀 가족, 1인 가구 등 기존에 보편적으로 규정되어왔던 생애과정의 양상과 시기, 순서에서 이탈하는 실천의 증가는 한국 사회의 가족 구성과 개인의 생애과정이 탈표준화되고 있음을 보여준다. 이 장에서는 현재의 변화를 기존 제도가 해체에 이르는 질적인 변화 단계, 즉 탈제도화로 규정하기보다는, 그 이전 과정인 다양화, 탈표준화로 보고자 한다. 즉 후기산업사회 가족이 보여주는 여러 변화 양상이 제도적 성격을 완전히 잃는 것이 아니라, 가족생활이 다양하게 확장되는 과정으로 보는 것이다(Knapp and Wurm, 2019: 217).

1. 가족의 구조적 변화

한국 사회의 전통으로 인식됐던 가부장적 가족 제도의 특징은 장자長子 승계를 원칙으로 하는 직계 가족stem family, 남성 가장의 가족통솔권, 부父계 혈통의 계승, 부계 중심의 친족 관계, 여성의 낮은 지위 등이다. 가부장적 직계 가족은 산업화가 본격적으로 시작된 1960년대 이후부터 서서히 쇠퇴해왔으며, 도시화의 진전과 함께 핵가족의 형태로 대체됐다. 한편 1990년대부터 맞벌이 가구 증가, 만혼화 경향, 출산율 하락, 인구 고령화 등 인구·사회적 변화가 뚜렷해지면서 가족의 구조나 형태는 다시금 변화하고 있다. 가부장적 직계 가족의 쇠퇴와 핵가족의 등장, 그리고 1인 가구, 무자녀 가구, 노인 부부 가구의 증가 추세는 한국 가족이 보편적이고 단일하게 규정하는 가족 형태의 전형성이 점차 약화되고 다양화, 유연화되는 과정에 있는 것으로 볼 수 있다.

지난 50여 년간 한국 사회의 가구 구조household structure 및 가족 형태의 변화 양상을 보면 획일성, 보편성, 전형성이 약화하고 점차 다양화, 유연화 추이가 나타나고 있음을 확인할 수 있다. <표 2-1>은 1970년 이후 세대 및 형태별 가구 구성의 변화 추이를 보여준다. 1970년 5.2명이었던 가구당 평균 가구원 수는 1980년 4.5명, 1990년에는 3.7명, 2000년 3.2명으로 꾸준히 감소했고, 2019년에는 2.4명으로 1970년과 비교할 때 절반 이하의 수준에 그치고 있다. 세대별 가구 비율을 보면 1세대 가구의 비중은 1970년 6.8%에서 2000년 14.2%, 2019년 18.4%로 50여 년 동안 3배 가까이 증가했다. 반면 2세대 가구 비중은 지속적으로 감소했으며(1970년 70.0%, 2000년 60.8%, 2019년 45.3%), 가장 큰 감소폭을 보인 것은 1970년 22.1%에서 2019년 4.1%로 감소한 3세대 가구이다. 이러한 결과는 평균 가구원 수의 감소가 2세대, 3세대 이상 가구의 감소에 따른 가구 규모의 축소와 출산율 하락에 의한 것임을 보여준다. 또한 3세대 이상 가구의 감소가 1세대 가구 및 1인 가구 증가로 대체되어가고 있음을 알 수 있다. 가구의 세대수별 분포의 변화는 가족 형태의 변화를 동반했다.

가족 형태에서 두드러지는 변화는 핵가족 및 직계 가족의 감소와 1

<표 2-1> 세대 및 가족 형태별 가구 구성, 1970~2019

	1970	1980	1990	2000	2010	2015	2019
평균 가구원 수(명)	5.2	4.5	3.7	3.2	2.8	2.8	2.4
세대별 구성(%)							
1세대	6.8	8.3	10.7	14.2	17.5	17.4	18.4
2세대	70.0	68.5	66.3	60.8	51.3	48.8	45.3
3세대	22.1	16.5	12.2	8.2	6.1	5.4	4.1
4세대 이상	1.1	0.5	0.3	0.2	0.1	0.1	0.0
1인 가구	0.6	4.8	9.0	15.5	23.9	27.2	30.2
비친족 가구	0.5	1.5	1.5	1.1	1.2	1.1	1.9
형태별 구성(%)							
핵가족	**71.5**	**68.3**	**68.0**	**68.4**	**61.6**	**58.6**	**56.4**
부부	5.4	6.0	8.3	12.3	15.4	15.6	16.7
양부모·자녀	55.5	53.0	51.9	48.2	37.0	32.2	29.8
한부모·자녀	10.6	9.3	7.8	7.9	9.2	10.8	9.9
직계 가족	**18.8**	**10.4**	**9.2**	**7.0**	**5.4**	**4.4**	**3.4**
부부·양(편)친	1.4	0.6	0.8	1.0	0.9	0.8	0.7
부부·양(편)친·자녀	17.4	9.8	8.4	5.7	3.8	3.0	2.2
조손 가구				0.3	0.7	0.6	0.5
기타 가족*	**9.1**	**16.5**	**13.8**	**9.2**	**9.1**	**9.9**	**10.5**
1인 가구	**0.6**	**4.8**	**9.0**	**15.5**	**23.9**	**27.2**	**30.2**

* 기타 가족은 핵가족과 직계 가족 정의에 해당하지 않는 2인 이상이 동거하는 가구임
자료: 한국여성정책연구원, 성인지통계정보시스템(http://gsis.kwdi.re.kr)
통계청, 국가통계포탈(http://kosis.kr).

인 가구의 급속한 증가이다. 전체 핵가족의 구성비는 1970년 71.5%에서 1990년 68.0%, 2010년 61.6%, 2019년 56.4%로 감소했다. 이를 핵가족의 세부 형태에 따라 좀 더 상세히 살펴보면, 양부모와 자녀로 구

성된 정상 또는 전형적 핵가족 형태는 1970년 55.5%, 1990년 51.9%, 2010년 37.0%, 2019년 29.8%로 지속적으로 감소한 반면, 자녀가 없는 무자녀 부부 가구의 비율은 1970년 5.4%, 1990년 8.3%, 2010년 15.4%, 2019년 16.7%로 꾸준히 증가했다. 또한 이혼·재혼으로 인한 복합 가족complex family, 다문화 가족, 기러기 가족, 대리모 출산이나 입양 가족 등 핵가족 내부에서도 가족 구성의 양태가 다변화되고 있다. 한편 대가족으로 불리는 직계 가족은 1970년 전체의 18.8%로 다섯 가구 중 한 가구꼴로 찾아볼 수 있었던 가구 형태였지만, 2019년에는 전체 가구의 3.4%만이 직계 가족인 것으로 나타나 급속히 쇠퇴했음을 알 수 있다. 특히 주목할 것은 1인 가구 수의 급격한 증가이다. 1인 가구는 1970년 전체 가구의 0.6%에 불과할 정도로 드문 가구 형태였으나, 이후 빠르게 증가하여 2019년에는 30.2%에 달한다. 이는 현재 가장 높은 비중을 차지하는 가구 형태는 1인 가구이고, 세 가구 중 한 가구꼴로 존재함을 의미한다.

이러한 변화 추이는 지난 50여 년간 한국 사회의 가구 구조 및 가족 형태의 획일성, 보편성, 전형성은 점차 약화된 반면, 가족의 다양성과 유연성은 커지고 있음을 보여준다. 가족이 다양화되는 측면은 구조나 형태뿐 아니라 문화, 세대, 계층 간의 차이로 나타나는데, 이에 대해서는 다음 절에서 구체적으로 논의한다.

2. 가족 형성의 다양한 경로

20세기 후반부터 많은 국가에서 가족 형성formation과 소멸disruption의 역동성이 두드러지고 있다. 서구 대부분 국가에서뿐 아니라 아시아 국가들에서도 가구 구성 및 가족 형태가 점차 다양해지고 있다(Ji, 2015; Raymo et. al., 2015). 가족 생애과정 또한 생애 사건의 순서와 진행 속도가 이전보다 덜 표준화되면서 여러 형태와 경로가 나타난다. 서구에서는 지난 수십 년 전보다 더 많은 연인이 결혼하지 않고 동거하고 있으며, 둘 사이의 자녀를 출산·양육하고 있다. 한편 결혼한 부부도 이혼이나 별거를 경험하고, 다시 새로운 파트너를 만나고, 계부모가 되고, 친자녀와 별거하기도 하며, 자녀를 두지 않고 살기도 한다. 이처럼 복합 가족, 한부모 가족, 동거 가족, 동성 부부와 같은 새로운 유형의 가족이 등장하고 있다.

가족 다양성은 구조나 형태뿐 아니라 자원이나 문화 등 여러 측면에서 나타나는 가족 간의 차이를 포함한다(Saggars and Sims, 2005: 67). 다양성은 개념적으로 여러 영역과 차원에서 설명할 수 있는데, 구체적 내용은 다음과 같다. 첫 번째는 구조적organizational 다양성이다. 앞에서 논의한 세대별 가구 구성이나 가족 형태, 이혼이나 사별로 인한 한부모 가족, 재혼을 통해 재구성reconstituted되는 복합 가족, 홑벌이나 맞벌이와 같은 성별 분업 구조의 차이가 포함된다. 둘째, 문화적 다양성은 한 사회 내 문화적 차이와 국가 간 다양성 모두를 말한다. 다문화 사회에서의 인종, 민족, 종교의 차이에서 나타나는 가족 규범이나 문화의 차이뿐 아니라 핵가족과 같은 서구 중심의 가족 개념에 대한 비판에 초점이 있다. 셋째, 계층 간 다양성은 사회 경제적 지위에 따라 나타나는 가족생활의 차이이다. 가족의 사회 경제적 자원의 크기에 따라 결혼, 부부 관계, 성별 분업, 자녀의 사회화 및 교육 등에서 나타나는 물질적, 문화적 차이를 말한다. 넷째, 생애과정의 다양성은 가족 생애 과정 또한 생애 사건의 순서와 진행 속도가 이전보다 덜 표준화됨에 따라 점차 다양해지는 것을 의미한다. 고령화, 출산 지연, 만혼화, 교육 기간의 확대 등으로 인해 인구 동태 추세가 가족의 생애주기 또는 생애과정의 변화를 이끌고 있다. 마지막으로 세대cohort 간 다양성은 결혼, 자녀 출산, 부부 관계 등 삶의 경험이 다른 세대 간의 가족 가치관 차이에 주목한다.

이처럼 가족 다양성의 증대는 가구 구성이나 가족 형태 등 통계적 수치로 측정할 수 있는 양적인 변화뿐만 아니라, 가족생활의 양상과 가치관의 차이 등 질적인 측면에서의 변화도 포함한다. 가족의 양적·질적 변화는 하나의 핵가족 모델을 전제하는 정상가족 개념에 균열을 낼 뿐만 아니라, 가족에 대한 정의나 혈연, 동거, 이성애, 부모 등을 규정하는 개념에 질문을 던지게 함으로써 기존 가족 제도 자체에 대한 도전으로 이어질 수 있다. 우리 사회에서도 가족 다양성 증가와 연관되는 몇 가지 현상들이 나타나고 있다. 이혼율과 재혼율이 높아지고 있는 우리 사회에서 향후 복합 가족[1]이 증가할 것임은 짐작할 수 있다. 재혼이 전체 혼인에서 차지하는 비율은 꾸준히 증가하는 추세였으나,

1 복합 가족 또는 조각보 가족patchwork family이란 한 명 이상의 배우자(또는 파트너)와 자녀를 출산multi-partner fertility하여 가족 관계를 맺는 가구를 말한다(Furstenberg, 2014: 22; Beck-Gernsheim, 1998).

최근 이혼율의 감소로 재혼의 비율도 다소 감소하는[2] 추세이다. 그러나 공식 통계에 잡히지 않는, 즉 법적 결혼이 아닌 동거를 하며 가족관계를 맺고 있는 가구도 적지 않을 것임을 고려하면 현실적으로 재혼 가족은 더 많을 것으로 여겨진다. 재혼의 증가는 계부모와 아버지와 어머니가 다른 자녀들의 결합 등 복합 가족의 증가로 이어지게 된다. 재혼의 배경도 사별 후 재혼보다 이혼 후 재혼의 증가 속도가 빠른 것으로 나타났다. 이러한 변화는 가족 형성의 경로가 과거보다 복잡해지는 방향으로 변화해가고 있음을 보여준다.

한편 1990년대 들어 결혼과 가족에 있어 중요한 변화는 국제결혼과 다문화 가족의 증가이다. 과거 순혈주의 전통을 가진 한국 사회에서는 외국인과의 결혼은 금기시해왔으나, 1990년대부터 국제결혼이 증가했다. 국제결혼의 배경과 이유가 다양하지만 1990년대 후반 빠른 증가의 배경에는 결혼 시장의 불균형이 있다. 사회 경제적 지위가 낮은 남성들이 국내에서 배우자를 구하기 어려워지면서 아시아 국가 출신 여성과의 결혼을 선택하게 되었다. 2000년대 중반까지는 외국인과의 혼인 건수가 증가 추세였으나, 이후 감소 후 다시 증가하는 등 증

2 재혼 건수는 1985년 50,583건에서 지속적으로 증가하여 2005년 126,249건으로 가장 높았고, 이후 서서히 감소하여 2010년 110,494건, 2020년 71,325건으로 나타났다. 총 혼인 건수에 대한 재혼 비율은 1985년 13.1%에서 2005년 40.7%로 증가했고, 2010년에는 36.0%, 2020년에는 33.4%로 나타났다. 혼인 건수의 감소 추세 속에서 재혼 비율이 꾸준히 증가해왔다는 것은 초혼 건수가 총 혼인 건수의 감소 폭보다 훨씬 크게 줄었음을 의미한다. 또한 남성과 여성 모두의 재혼 건수가 증가했지만, 남성의 재혼이 많았던 과거와는 달리 1990년대 중반부터는 여성의 재혼이 늘어나고 있다. 재혼의 증가는 계부모 및 아버지와 어머니가 다른 자녀들의 결합 등 복합 가족의 증가로 이어지게 된다(통계청, 「혼인·이혼 통계」, 해당년도).

감 추세를 보이고 있다.[3] 국제결혼으로 다문화가족이 증가하면서, 이들에 대한 정책적 지원이 시행되고 있다. 그러나 한국 사회의 다문화 가족 정책은 문화적 다양성이나 이질성을 인정하고 수용하는 대안보다는 '한국인 되기'에 집중해왔다. 우리 사회에서 이주민을 다문화로 호명하고, 이주 결혼 부부의 자녀들을 다문화 자녀라고 명명함으로써 이민자나 그들 자녀를 차별하는 용어로 사용되어온 경향이 있다. 한국과 발전 도상의 아시아 국가들 사이에는 경제적, 문화적 위계와 편견이 있음에도, '다문화'라는 용어는 수평적 다양성을 전제하고 있어 이주 결혼 가족이나 북한 이탈 가족의 차별적 상황을 드러내기 어렵다.

가족이 무엇인가에 대한 우리의 사고에 도전하는 가장 획기적 변화는 대리모 출산이다. 기존의 대리모 출산이나 입양은 순혈주의를 고집해온 부계 가족 규범에 균열을 냈다. 특히 최근 생식 기술의 발달은 가족 개념에 대한 패러다임적 전환을 요구하고 있다. 예컨대 난자를 제공하는 어머니와 자궁을 빌려주는 어머니가 분리되는 대리모 출산이나, 더 나아가서 난자 공여와 임신, 출산 비용을 지불하고 태어난 아기의 친권을 갖게 되는 법적 어머니가 각각 존재하는 경우 기존의 가족 개념에 근거하여 누가 어머니인지, 가족이 누구인지에 대한 정의를 내리기 어렵다. 또한 난자 공여나 정자 공여는 국경과 인종을 넘어서 '자녀를 갖고자 하는 성인 또는 커플'이 선택할 수 있다는 점에서,

---

3 2005년 전체 혼인에서 외국인과의 혼인이 차지하는 비중은 13.5%였고 2010년에는 10.5%, 2015년에는 7.0%로 감소했다. 이후 다시 증가 추세를 보이며 2019년 9.9%까지 증가했지만 2020년에는 다시 7.2%로 감소했다. 2020년 기준 외국인과의 혼인 중 한국 남자와 외국 여자의 혼인 비중은 72.4%, 한국 여자와 외국 남자의 혼인 비중은 27.6%를 차지했다(통계청, 2021).

근대의 표준화된 가족 형성 방식과 경로를 크게 벗어난다. 최근 백인 남성의 정자 공여로 아들을 출산한 '자발적 비혼모' 방송인 후지타 사유리의 사례는 우리에게 가족이 과연 어떻게 형성되는가에 대한 성찰적 질문을 제기한다. 언론에서는 사유리의 실천이 정상가족 개념에 균열을 가져왔다고 보도하기도 했지만, 현실에서는 그렇게 보기 어렵다. 사유리의 선택을 존중한다는 의견과 가정을 위협하는 인간의 탐욕이라는 의견이 대립하여 논쟁이 되었다.[4]

정상가족 개념은 사회 운영 방식과 정부 정책에도 스며들어 있다. 2020년 코로나 재난지원금 지원 당시 정부는 4인 가구를 기준으로 제시했는데, 이는 부부와 자녀로 구성된 핵가족을 우리 사회의 가장 대표적이고 일반적인 가족으로 여기는 정상가족의 틀을 고수하는 사회 인식을 보여주는 것이다. 「건강가정기본법」도 2021년 4차 계획에서 '가족 다양성 포용'을 1순위 과제로 했지만, 건강가정의 명칭을 그대로 사용함으로써 정상가족 틀을 벗어나지 못하고 있다. 한편, 청년 · 신혼부부 주거 문제 해결 방안의 모색이라는 저출산 정책 방향도 기존의 결혼 제도를 지지할 뿐 동거나 비혼 출산과 같은 급진성을 포함하

---

4 사유리는 자신의 유튜브 채널을 통해 한국이 아닌 일본에서 정자를 기증받은 이유로 "한국에서는 모든 게 불법이었기 때문"이라고 밝힌 바 있다. 한국에서는 정자 기증을 받기 위해서는 배우자의 동의가 필요하고, 인공수정 등 보조 생식술 대상을 '난임 부부'로 한정하는 등 비혼 출산에 대한 제도적 기반이 사실상 전무한 상황이다. 사유리가 비혼 상태에서 정자 기증으로 아이를 출산한 후, 이를 둘러싼 사회적 관심과 주목이 쏟아졌고 비혼모 합법화에 대한 찬성과 반대 입장이 팽팽하게 대립하고 있는 상황이다(동아일보, 2020. 11. 18. "사유리가 쏘아올린 '비혼모' 논쟁… 한국에선 가능할까?"; 한국경제, 2020. 11. 17. "사유리가 불붙인 논쟁… 정의당 비혼 출산 합법화하자"; 한겨레, 2020. 11. 18. "아이는 꼭 '법적 부부'에서 태어나야만 할까?"; BBC News 코리아, 2021. 4. 2. "비혼 출산 사유리는 '비정상가족'일까?").

지 않는다. 한국이나 일본의 출산율은 OECD 국가 중 최하위를 차지하고 있는데,[5] 이러한 낮은 출산율이 다른 나라들과는 달리 동거나 비혼 출산의 비율이 매우 낮은 데서 일부 기인한다는 전문가들의 분석은 타당한 지적으로 보인다. 동거나 비혼 출산에 대한 문화적 허용 수준이 낮은 것은 역으로 기존의 결혼 제도가 강건하다는 의미로 해석할 수 있다(이재경, 2021: 83).

한편 가족의 형성 기제인 결혼이나 출산 등은 가족의 경제력에 영향을 받는다는 점에서 가족은 계층적 지위와도 긴밀하게 연관된다. 1인 가구는 개인이 생애과정의 다양한 경로에서 일정 기간 구성하게 되는데, 비혼의 청년 세대, 이혼한 중장년 가구, 노인 단독 가구 등을 포함하며 개인의 자산과 소득 수준의 영향을 받는다. 즉 결혼, 자녀 출산 및 양육 등 가족생활은 개인이나 가족의 경제력의 영향을 받으며, 가족생활의 많은 측면이 상품화되고 있는 사회적 상황에서 그 영향력이 더욱 증폭되고 있는 것이 현실이다. 가구 구성이나 가족 형태도 다양해지고 있으나 그 이면에는 사회적 불평등 문제가 존재하고 있다. 또한 전 세계적으로 사회적 불평등이 심화되면서 가족생활과 실천의 계층화 양상에 대한 관심도 높아지고 있다. 경제적 자원이 빈약한 상태에서는 결혼이나 가족생활도 쉽지 않으며, 자녀 출산이나 양육도 힘에 겨울 수밖에 없다. 사회적 불평등과 가족에 관한 보다 자세한 논의

---

5 연도별 OECD 국가의 합계출산율에서 한국은 2019년 기준 합계출산율 0.92로 OECD 최하위를 차지했다. 합계출산율 1.0 미만의 OECD 국가는 한국이 유일하다. 두 번째로 합계출산율이 낮은 국가는 스페인으로 합계출산율은 1.23이다. 일본의 2019년 합계출산율은 1.36이다(OECD, 「OECD Family Database」. http://www.oecd.org/els/family/database.htm).

는 4장과 6장에서 한다.

3. 표준적 생애과정의 변화

근대 사회의 특징 중 하나는 개인의 생애과정에서 교육, 노동, 가족과 관련된 사건의 이행 순서, 시기, 경로가 대체로 표준화되어 있다는 점이다. 가족의 생애주기life cycle도 결혼을 시작으로 사망에 이르기까지 형성기, 확대기, 확대 완료기, 축소기, 축소 완료기, 해체기의 여섯 단계로 분류된다. 각각의 단계는 서로 명확히 구분되며, 한 단계 이후 그다음 단계로 순서대로 이행한다. 사실 개인의 생애과정은 가족의 생애주기와 밀접하게 연관되어 있으므로 이 절에서는 두 가지를 명확히 구분하지는 않는다. 고령화, 결혼, 동거, 출산 지연, 만혼화, 교육 기간 확대 등의 인구 동태 추세는 표준적 생애과정의 변화를 이끌고 있다. 1958년부터 2014년 사이에 결혼한 5개 코호트를 대상으로 가족 생애주기를 분석한 진미정 · 변주수 · 권순범(2014)은 공세권 · 박인화 · 조애저 · 김진숙 · 장현섭(1987)의 연구와 비교하여 지난 30여 년간 변화를 추적했다. 연구 결과에 의하면 가족 생애의 절대적 기간은 증가했으나, 개인의 전 생애과정에서 가족생활이 차지하는 비중은 감소한 것으로 나타났다. 또한 자녀 수 감소에 따라 자녀 출생에서 막내 자녀 출생에 이르는 확대기와 자녀 결혼이 완료되는 축소기가 단축되었다. 이후 배우자 사망에 이르는 기간인 축소 완료기는 연장되어 부부 두 사람만 생활을 공유하는 시기가 증가했고, 배우자 사망 이후 본인 사망에 이르는 해체기는 단축되었다. 그러나 이러한 생애주기별 설명은 인구 동태적 변화의 흐름을 개괄적으로 보여주기는 하지만, 분석틀이 자녀를 둔 핵가족을 모델로 개발된 것이어서 동거, 이혼, 재혼, 무자녀 부부 등 비전형적 가족의 생애주기를 분석하는 데는 한계가 있다.

가족의 생애주기 또는 생애과정의 변화는 역설적으로 생애과정의 다양성이 표준화되어가는 것으로도 볼 수 있다(Pailhé et. al., 2014). 개인도 자신의 생애과정 동안 다양한 가족 경험을 하기도 한다. 최근 서구 논의에서는 개인의 생애사를 중심으로 한 가족 경로(Gerson, 2010), 여성의 생애주기에 따른 노동 경로(Damaske, 2011) 등의 개념을 제시하면서 개인이나 가족의 생애과정에서 다양한 가족 형태나 생활 방식을 경험하고 있음에 주목한다. 특히 페미니스트 사회학자 거슨(Gerson, 2010)은 가족 변화에 대한 분석의 초점이 가족 구조에서 가족 경로로 수정되어야 함을 주장한다. 지금까지 가족 형태나 구조에 대해 정의하는 방식은 일정 시점을 기준으로 가족생활을 단면적으로 보는 것이었는데, 이러한 접근 방식은 한 사람이 생애를 통해 다양한 가족 형태와 생활을 경험한다는 사실을 간과할 수 있기 때문이다.

가족 경로는 결혼, 이혼, 재혼 등 가족생활의 변화뿐 아니라 생애과정에서 다양하게 경험하는 노동 경로, 즉 전일제 고용, 시간제 고용, 양육을 위한 경력 단절 등이 교차하는 취업 경로를 포함한다. 예를 들어 한 여성이 결혼 전에 아이를 낳은 후 시간제로 일하면서 아이를 키우다가, 다른 남성과 결혼하여 전업주부로 살면서 자녀를 낳고, 몇 년 후 이혼하고 전일제로 일하면서 한부모 가족을 이끌다가, 다시 자녀가 있는 이혼한 남성과 재혼을 하고, 남편과 사별한 후 다시 노년에 재혼

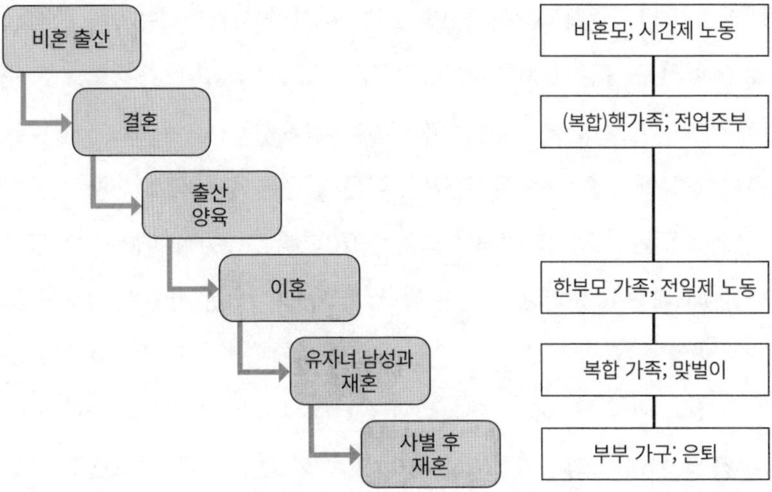

<그림 2-1> 사례로 본 여성의 생애·가족 경로

했다고 하자. 이 여성의 생애 동안 가족 경로는 비혼의 한부모 가족, 핵가족 형태를 띤 복합 가족, 다시 한부모 가족, 복합 가족, 부부 가구로 이어진다. 이 과정에서 여성이 취업했다가 중단하고, 또다시 취업하는 등 노동시장 참여가 지속적이지 않았다면, 맞벌이, 홑벌이 가구 모두를 경험한 것이 된다(<그림 2-1> 참조). 이러한 사례는 기존의 표준화된 가족 생애과정이나 노동 생애로는 설명하기 어렵다. 정상가족 규범은 어떤 가족은 바람직하고 어떤 가족 형태는 덜 바람직하다는 가정을 하고 있지만, 현실에서는 이처럼 삶의 변화에 따라 유동적이고 유연한 가족 구성이 늘어나면서 가족 생애나 형태가 탈표준화되고 있는 것이다(이재경, 2015: 300).

한국 사회에서도 비전형적 가족의 형성 경로가 나타나면서 생애 사건의 순서와 진행 속도도 이전보다 덜 표준화되고 있다. 이에 따라 생애과정이 탈표준화되었는가, 언제 탈표준화가 시작되었는가를 중심으로 경험적 연구들이 전개되어왔다. 구체적으로 성인기 이행 경로(이순미, 2014; 남춘호·남궁명희, 2012)와 결혼 이행 경로(최선영, 2020)의 탈표준화 경향에 관한 논의들이 있다. 이들 연구에서는 다소의 차이는 있지만, 표준화된 생애과정의 변화는 1970년대 출생 세대에서 시작되었다는 데 대체로 동의한다. 남춘호·남궁명희(2012)는 성인기 이행의 근대적 유형이 불안정해지고 있다고 보고 생애과정의 탈표준화 경향을 확인했다. 이때 근대적 생애과정이 불안정해지는 시기는 1970년대 이후 출생 세대가 성인기를 맞는 1990년대와 2000년대인 것으로 보고 있다. 한편 이순미(2014)는 성인기 이행을 중심으로 한 생애과정의 변화를 탈성별화와 계층화의 이중적 과정으로 보고, 이를 '생애과정의 탈근대화'로 개념화했다. 그러나 새로운 생애과정은 여성들에게 두드러지게 나타나고, 남성들의 생애과정에는 별다른 변화가 보이지 않는다. 남성의 경우 고학력 집단에 비해 저학력 집단에서 가족 이행과 노동 지속성의 약화가 나타나고 있어, 한국인의 성인기 이행 과정이 고학력 남성을 중심으로 한 근대성의 지속과 여성들의 탈근대적 생애과정이 혼재된 '복합적 탈근대화'의 경향으로 나타난다고 결론 내린다.

가족 생애나 노동 생애과정의 다양화와 탈표준화가 모든 사람에게 같은 결과를 가져다주는 것은 아니다. 특히 경제적 불안정의 심화와 여성 경제 활동의 증가는 생애 유형의 계층적 분화, 젠더화된 생애과정gendered life course, 그리고 앞의 두 가지 요소가 결합해서 나타나는 젠더·계층 효과를 증폭시키고 있다(이순미, 2014). 가족 규범의 약화는 개인화 추세와 함께 개인들에게 다양한 삶의 선택지를 제공하고 있지만, 동시에 이들에게 주어진 가능한 선택은 개인과 가족이 실질적으로 이용할 수 있는 기회와 자원의 차이, 그리고 그들이 직면하는 사회적, 물질적 제약에 따라 달라진다. 청년 실업 증가, 비정규직의 확산, 불안정한 고용은 성인기의 지연이나 결혼, 자녀 출산 연기의 중요한 요인으로 간주되며, 개인과 가족의 사회 경제적 지위는 결혼을 통한 가족 형성의 경로에 영향을 미친다(Kim, Lee and Park, 2016). 소득과 일자리에서의 사회 경제적 격차가 가족 형태나 가족 형성 경로에 영향을 미친다는 것은 통계상으로도 확인된다. 예를 들어, 2018년 기준 1인 가구의 연소득은 2,116만원으로 전체 가구의 36.3%에 불과하고, 2명의 소득을 가정하더라도 전체 가구 소득의 70% 수준에 그쳐 가구 형태에 따른 소득 격차가 존재함을 확인할 수 있다(통계청, 2020b). 소득 수준은 결혼 및 출산 자녀 수와도 연관성을 갖는다. 2016년 기준 20~30대 임금 근로자의 임금 수준이 높을수록 기혼자 비율이 높았고, 2007~2018년 국민건강보험료 분위별 분만 건수에서 저소득층의 출산 비중은 축소되는 반면 고소득층에서는 확대되는 경향이 있는 것으로 나타났다(박선권, 2019: 10-11). 이러한 결과는 개인의 사회 경제적 지위와 부모의 계층에 따라 가족 형성의 경로가 다르게 구성되고, 따라서 가족 형태 및 가족 경로의 계층화로 이어질 수 있음을 의미한다.

생애과정의 탈표준화는 성별에 따라서도 달리 나타나는데, 여성의 경우 교육이나 경제 활동으로 인해 근대적 모델에서 남성보다 빠른 속도로 탈표준화되는 현상이 일반적이다. 기존의 연구(Widmer and Ritschard, 2009)에서도 젠더화된 탈표준화 가설은 지지를 받는 것으로 나타났다. 여성의 노동시장 참여 증가와 높은 교육 수준으로 인해 성별 분업이 약화되고 여성의 역할이 변화하는 것과 같은 구조적 요인은 핵가족 모델의 변화를 가속한다. 성별 분업이 체계화된 가부장적 가족에서 결혼이나 부모됨의 과정은 남성과 여성의 직업 궤적에 불평등한 영향을 미치게 되며, 이는 여성에게 탈표준화 과정을 추동하는 것이다. 젠더 체계 재편성 과정에서 먼저 여성에게 적응력과 유연성이 요구되며, 따라서 여성의 변화가 남성에 비해 빠른 경향이 있다.

이 장에서 논의한 표준화 또는 탈표준화는 이분법적 구분이라기보다 변화 과정, 즉 기존에 통용되던 표준화된 규범과 제도적 기반이 쇠퇴하는 과정을 의미한다. 앞에서 언급했듯이 개인의 선택이 강조되는 후기산업사회에서 현재의 탈표준화 현상이 새로운 표준화된 규범이나 제도로 귀결되는 것이 아니라 '다양성'에 대한 인정이 표준화되어가는 과정으로 볼 수 있다. 지금 나타나는 사회적 갈등은 기존의 규범과 제도적 기반이 약화되는 과정에서 나타난 현상이다. 예를 들어 여성의 욕구와 선택은 가족이나 노동시장과 같은 기존 제도와 갈등하면서, 결혼 지연이나 저출산으로 나타나게 된다. 또한 돌봄의 공백은 변화하는 가족과 노동시장을 포함한 경직된 사회 제도 간의 충돌에서 비롯된 것으로 볼 수 있다. 이러한 변화는 단일하고 획일적이지 않고 젠더와 계층에 따라 생애과정의 특징이 다르게 나타나고 있는데, 여성의 노동 생애와 계층에 관한 상세한 논의는 6장에서 한다.

3장

결혼의 변화와 지속

근대 핵가족을 구성하는 토대는 결혼이다. 그리고 낭만적 사랑,[1] 이성애, 체계화된 성별 분업이 근대 결혼의 근간을 이룬다. 핵가족은 우애결혼companionate marriage이나 부부 가족conjugal family으로 특징짓기도 한다. 기능주의 사회학자 버지스와 로크(Burgess and Locke, 1945)는 산업사회에서 가족은 제도결혼institutional marriage에서 우애결혼으로 변화

1 낭만적 사랑romantic love은 사랑 · 성 · 결혼에 대한 문화적 각본이다. 이성을 사랑하고, 그와 결혼하여 성애를 추구하는 이상은 근대의 산물이다. 여성학자들은 가부장제 사회에서 남녀 간의 사랑은 권력관계를 은폐하고 낭만화한다고 비판한다. 즉 여성성과 남성성을 대립적으로 이원화시켜 왜곡하고 성별 분업을 정당화하는 것이다(Sarsby, 1983).

했다고 주장했다. 근대 이전 제도결혼은 배우자에 대한 기대가 역할에 맞추어져 있고, 부부보다 부모 자녀가 중심이 되는 가족을 형성한다. 반면 우애결혼은 배우자에 대한 기대가 역할보다는 친밀성과 관계에 맞추어진 부부 중심 가족을 형성한다. 근대 결혼은 20세기 중·후반부터 이성애 중심의 낭만적 사랑과 성별 분업에 대한 사회적 규범이 약화하면서 변화되기 시작했다. 특히 결혼이나 가족 형성의 방식이 다양해지는데, 서구에서는 동거나 비혼 출산이 늘어나고 동성 결혼이 합법화되고 있다. 이러한 변화는 근대 결혼의 탈제도화(Cherlin, 2004) 또는 재제도화re-institutionalization(Lauer abd Yodanis, 2010), 결혼 및 파트너십의 다양화(Knapp and Wurm, 2019), 또는 개인화된 결혼으로의 이행(Beck-Gernsheim, 1998) 등으로 해석되고 있다.

1990년대부터 한국 사회에서도 결혼의 감소, 초혼 나이 상승으로 인한 만혼화 경향, 이혼 및 재혼이 증가하는 등 결혼을 둘러싼 행위 양상이 변하고 있다. 이 장에서는 먼저 근대 결혼 변화에 관한 서구의 논의를 간략하게 소개하고, 다음으로 한국 사회의 결혼 동향을 공식 통계와 태도 조사를 통해 살펴보고, 마지막으로 지금 나타나는 변화의 의미를 분석한다.

1. 근대 결혼의 쇠퇴: 이론적 설명

세계의 많은 국가에서 결혼은 반세기 전보다 덜 지배적인 관행이 되어가고 있다. 결혼율은 북미나 서유럽의 대부분 국가에서 하락하고 있으며, 동유럽 국가들과 아시아 국가들에서도 점차 감소하고 있다(Raymo et al., 2015). 서구에서는 비혼 동거가 일반적인 선택이 되었고 동성 결혼도 증가하는 추세이다. 후기근대사회 결혼과 파트너십에 대한 논의는 주로 근대 결혼의 탈제도화[2] 과정으로 볼 것인지와 개인화된 결혼으로의 이행으로 이해할 것인지에 대한 것이다. 두 가지 논의는 다소 차이는 있으나, 20세기 중반부터 시작된 결혼이나 가족 변화를 이끄는 요인이 개인화라는 인식은 공유한다.

결혼의 탈제도화

탈제도화 논의는 근대 결혼 제도가 지금도, 그리고 미래에도 지속할 것인가에 대한 질문을 제기한다. 셜린(Cherlin, 2004: 851-853)은 20세기 이후 미국 사회에서 나타난 결혼의 변화 과정을 탈제도화의 맥락으로 설명한다. 산업화 이후 첫 번째 변화는 제도결혼에서 우애결혼으로의 이행이고, 두 번째는 개인의 선택과 자기 계발self development이 강조되는 개인화된 결혼으로의 이행이다. 탈제도화란 가족이나 결혼과 같은 사회 제도에서 사람들의 행위를 규율하는 규범이 약화하는 것을 의미한다. 제도화의 단계가 안정적인 시기에는 법, 사회 규범, 그리고 사람들 간에 암묵적으로 공유된 기대 등을 통해 우리가 언제, 어떻게 무엇을 할지를 알고 실행한다. 예를 들어 이성애 결혼이 제도화

---

2 근대 결혼의 제도적 기반을 약화시키는 가족생활의 주요한 변화로는 가족 내 성별 분업의 변화, 비혼 출산의 증가, 비혼 동거의 증가, 동성 결혼의 등장과 확산 등을 들 수 있다(Cherlin, 2004: 849-851).

된 사회에서는 남녀가 결혼 적령기[3]에 만나 결혼하고 자녀를 출산·양육하며 성 역할을 충실히 수행하면서 죽음이 그들을 갈라놓을 때까지 행복하게 사는 것을 전제로 한다. 이러한 전제는 질문되지 않으며, 자연스럽게 이행되어야 하는 삶의 순서 또는 방식으로 사회 구성원들에게 받아들여진다. 그러나 후기산업사회의 구조적 변화로 인해 지금까지 사람들이 공유해왔던 사회적 합의나 규범을 넘어서는 행위나 생애사건이 발생하기도 한다. 평생 한 번도 결혼하지 않거나, 법적 혼인을 하지 않고 동거하거나, 이혼하거나, 또는 재혼하는 등 결혼을 둘러싼 실천이 다양화되었다. 또한 이성애 규범이 약화되고 동성 파트너십이나 동성 결혼이 증가하는 추세이다.

라우어와 요다니스(Lauer and Yodanis, 2010: 60-62)는 이와 같은 현상을 탈제도화의 지표라기보다는 대안으로 제시되는 비혼 동거나 동성 결혼 합법화 등이 제도로 정착되는, 즉 결혼이 재제도화되는 과정으로 본다. 또한 탈제도화로 평가되는 현상이 반드시 근대 결혼 제도의 쇠퇴를 의미하는 것은 아닐 수도 있다고 강조한다. 이들은 셜린(Cherlin, 2004)이 말하는 탈제도화는 초혼에 국한되는 것이며, 재혼은 애초에 불완전한 제도라고 말한다. 동거나 이혼도 규범이나 제도적 성격을 크게 벗어나 있지는 않다. 재혼은 행위나 선택을 뒷받침하는 규범이나 가정이 미흡하다는 점에서 불완전한 제도[4]이고, 비혼 동거는

---

3 결혼 적령기는 일정한 나이 구간에 결혼해야 한다는 사회 통념으로 볼 수 있는데, 평균 초혼 나이로 적령기를 유추해볼 수 있다. 1990년까지는 남녀 모두 20대에 결혼하는 것이 평균적이었지만 2019년 평균 초혼 나이는 여성과 남성 모두 30세를 넘겼다.

4 예를 들어 재혼 가족의 경우 호칭, 계부모와 자녀 관계의 성격, 부모의 의무와 책임 등에 대한 규범이 정착되어 있지 않다. 한국 사회의 경우 재혼 가족은 가족 구성의 측면

결혼율 감소를 추동하지만, 내용상으로는 결혼의 축소판인 경우가 드물지 않다. 비혼 동거나 동성 결혼 모두 두 사람의 평등한 관계를 보장하지 않으면 결혼의 대안이 되기 어렵다. 이들은 동성 결혼이 이성애 규범에 도전이 된다는 점에서는 일견 탈제도화로 볼 수 있지만, 이성애 결혼 규범이나 법률로 규제된다는 점에서 오히려 동성 결혼의 제도화 과정으로 평가할 수 있으며, 배우자 사이의 협상, 역할 분담 등이 근대 결혼의 맥락에서 크게 벗어나지 않고 있다는 점을 지적한다. 유사한 맥락에서 이혼도 탈제도화의 지표가 아니고, 결혼, 이혼, 재혼으로 이어지는 연속적 일부일처제serial monogamy는 제도로서의 결혼이 지속되고 있음을 보여주는 것이라고 주장한다.

한편 근대 이성애 결혼의 쇠퇴는 현재 시점에서는 탈제도화 과정으로 보기보다 결혼 관계나 형태가 다양화하는 과정으로 보아야 한다는 논의가 있다. 냅과 워름(Knapp and Wurm, 2019)은 변화하는 결혼 양상이 탈제도화 과정이라기보다 제도적 성격은 잃지 않으면서 방식과 내용이 확장되는 다양화 과정으로 보아야 한다고 주장한다. 여기에서 다양화는 탈제도화에 이르는 중간 단계이다. 셜린(Cherlin, 2020: 66)도 최근 논문에서 현재까지의 변화를 결혼의 탈제도화로 평가하기엔 충분하지 않음을 인정했다. 탈제도화 개념은 변혁적 성격을 가지는데, 미국 사회에서 나타난 결혼과 파트너십의 변화는 새로운 형태로 대체되

에서 상황이 다른데 초혼을 가정한 가족 규범이 적용되는 경우가 흔하다. 재혼 가족에서 계부모를 어머니, 아버지로 호칭하는 경우가 많은데, 부모의 사별보다는 이혼 후의 재혼이 늘어가는 추세를 볼 때 상당히 어색하고 때로는 부적절한 상황에 이르기도 한다.

는 변혁적transformational인 현상이 아니고, 발전적developmental 변화 추세로 보는 것이 타당하다는 것이다. 결혼생활의 실질적 중요성은 감소했지만, 상징적, 문화적 의미는 여전히 높으며, 사회적 불평등이 심화하는 후기산업사회에서 결혼은 특권과 개인적 업적의 지표가 되기도 한다. 예를 들어 결혼 제도의 지속 또는 약화 여부는 계층 차이를 보이는데, 대졸 이상의 고학력층에서는 결혼이 친밀한 관계의 중심적 역할을 하지만 고졸 이하의 저학력 계층에서는 탈제도화의 경향을 보이는 것이다. 결혼의 계층적 차이는 한국 사회에도 나타나고 있는데, 결혼과 사회적 불평등에 대해서는 4장에서 논의한다.

개인화된 결혼

개인화는 규범, 전통 및 법률에 기반을 두었던 사람들의 행동이 자율성과 개인적 만족을 높이는 선택에 따른 행동으로 대체되어가는 과정을 말한다. 사회적으로 구조화되었던 개인 생활이 자신이 선택하고 행동하는, 즉 삶을 스스로 만들고 위험도 감수하는 방식으로 대체되는 것이다(Beck and Beck-Gernsheim, 2002/2012: 2-3). 개인화된 사회에서는 과거 질서 정연하고 예측 가능한 행위로 나타났던 제도결혼이 '사랑의 정상적 혼돈normal chaos of love'으로 변화된다(Beck and Beck-Gernsheim, 1995). '사랑의 정상적 혼돈'이란 자발적 결혼은 감소하지만, 파트너십을 유지하고자 하는 욕구는 상승하는 역설적 현상을 말하는 것이다. 유사한 맥락에서 기든스(Giddens, 1992)는 경제적 관계에 토대를 둔 전통적 결혼에서 근대 사회의 낭만적 사랑과 일부일처제 결혼, 그리고 다시 합류적confluent 사랑[5]으로의 변화는 가족 관계에서 개인의 감정과 선택이 더욱 중요해짐을 시사한다고 말한다. 그는 이러한 역사적 변화 과정을 '친밀성의 구조 변동'이라 칭했다.

개인화와 결혼은 두 가지 측면에서 논의할 수 있다(Yodanis and Lauer, 2014: 184-185). 첫째, 개인화는 탈제도화 개념과 관련이 있으며, 이는 공식·비공식 규칙 및 보편적 관행과 기대를 포함하는 결혼의 제도적 토대가 쇠퇴하는 것을 말한다. 과거에는 결혼에 관한 규칙과 관행이 강력했고, 그 결과 결혼 행위는 배우자 간의 내부 협상보다는 관계 외부에서 규정했다. 법, 규범, 그리고 비공식적 기대와 관행은 두 사람이 결혼생활에서 어떻게 행위해야 하는지 규제한다. 성인 남녀는 결혼을 사회적으로 요구받고, 아내로서 여성은 자녀를 낳고 일차적 돌봄 제공자와 주부 역할을 담당했으며, 남편은 일차적 생계부양자였다. 결혼은 평생 지속되고 개인은 부부 관계 또는 가족 관계를 위해 자신의 선택이나 자율성을 억제한다. 개인화 관점에 따르면 결혼은 더는 이러한 제약을 포함하지 않는다. 오히려 개인은 관계를 스스로 만들 수 있으며, 결혼생활에서 배우자에게 특정한 역할이나 행동, 언어를 강요하지 않는다. 오히려 남편과 아내는 자신들만의 고유한 관계 역학을 협상하고 탐구하고 추구한다(Beck & Beck-Gernsheim, 2002/2012; Cherlin, 2004; Giddens, 1992).

이런 점은 개인화의 두 번째 쟁점과 관련된다. 개인화된 결혼의 특

---

5 합류적 사랑이란 성찰성에 기초하며, 상대방에게 사로잡히는 대신 자아 발전을 최우선으로 하고, 즉각적인 희열을 욕망하기보다는 단계적으로 발전하는 관계를 지향하는 것을 말한다(Giddens, 1992: 115-119).

징은 부부나 커플이 더는 통합된 단위가 아니며, 각자의 자기 계발과 자아실현이 우선시된다는 것이다. 이전에는 결혼하면 여성과 남성은 사회적으로 규정된 보완적이고 통합된 하나의 단위로 활동하고, 젠더화된 가족 역할을 위해 개인의 목표와 이해를 포기하는 경우가 흔했다. 그러나 지금은 가족을 이루고 아내나 남편 또는 부모의 역할을 하면서 얻는 만족감보다는 개인의 성장과 감정 표현을 중시한다. 각각의 배우자는 결혼생활 중에도 주체성을 유지하고 자신의 이익과 목표를 계속 추구하고자 하며, 더는 결혼과 가족 안에서 사회적으로 규정된 역할을 위해 개인의 독립과 정체성을 억압할 필요가 없다고 생각한다. 파트너와 격의 없이 소통하고 유연하게 협상하는 자세를 가짐으로써 닫힌 구조에서 열린 관계로 변화하게 되는 것이다(Cherlin, 2020: 73).

그러나 현실에서는 위의 논의와 같이 가족이 경제 공동체로 묶이지 않고, 스스로 선택할 수 있는 친밀성의 공동체로 변화되었다고 보기 어렵다. 고학력 비혼 남녀를 심층면접한 박수민(2017)은 우리 사회에서도 개인화의 흐름이 기존의 가족주의나 결혼 제도와는 다른 '비혼'이라는 새로운 문화적 레퍼토리를 제공하고 있는 것은 사실이지만, 가족 형성의 첫 단계인 결혼이 갖는 의미가 약화되는지는 불확실하다고 주장한다. 결혼의 중요성은 약화하고 있지만, 동시에 결혼이라는 제도 자체를 파기하거나 뒤집는 것은 아니며, 결과적으로 이들의 인식 속에서 결혼은 여전히 매우 강력한 제도로 유지되고 있다. 한편 여성들은 '결혼은 여성에게 불리하다'고 불만을 토해내지만, 결혼하고자 하는 의향이나 노력이 축소되는 현상은 보이지 않아 여전히 '결혼 중심'의 생활 양식이 지속되고 있음을 볼 수 있다. 결국 결혼 제도가 지속되는 한 여성들은 가부장적 결혼에서 갖게 되는 불리한 위치와 결혼하지 않음으로써 받게 되는 사회적 불이익 사이에서 고민과 갈등을 겪게 된다. 이처럼 비공식 관행과 당연시된 가정이 포함된 결혼 제도는 쉽게 변화하지 않는 것이다(이재경 · 김보화: 2015; Yodanis and Lauer, 2014). 현재로서는 근대 결혼이 쇠퇴하고 있는 것은 맞지만 결혼의 탈제도화나 개인화된 결혼으로 이행한다고 볼 수 있는 충분한 근거는 없는 것처럼 보인다.

2. 통계로 본 결혼 동향

1990년대부터 한국 사회의 결혼 양상이 변화하고 있는데, 주요 동향을 몇 가지로 정리할 수 있다.

첫째, 1980년대 이후 주목할 만한 변화는 결혼 감소와 혼인 연령 상승으로 인한 만혼화 추세이다. 1970년 여자 23.3세, 남자 27.1세, 1990년 여자 24.8세, 남자 27.8세였던 초혼 연령은 매년 증가 추세를 보이면서 2015년 이후부터 여성과 남성 모두 30세를 넘어섰다. 2019년 평균 초혼 연령은 여자 30.6세, 남자 33.4세로, 1970년과 비교할 때 여성은 7.3세 남성은 6.3세 높아졌다.[6] 인구 1천 명당 혼인 건수를 의미하는 조혼인율 추이를 보면 1970년 9.2건, 1990년 9.3건에서 2019년 4.7건으로 하락했다(<그림 3-1> 참조). 한편 혼인율은 하락 추세이지

6 통계청, 『인구동향조사』, 해당년도.

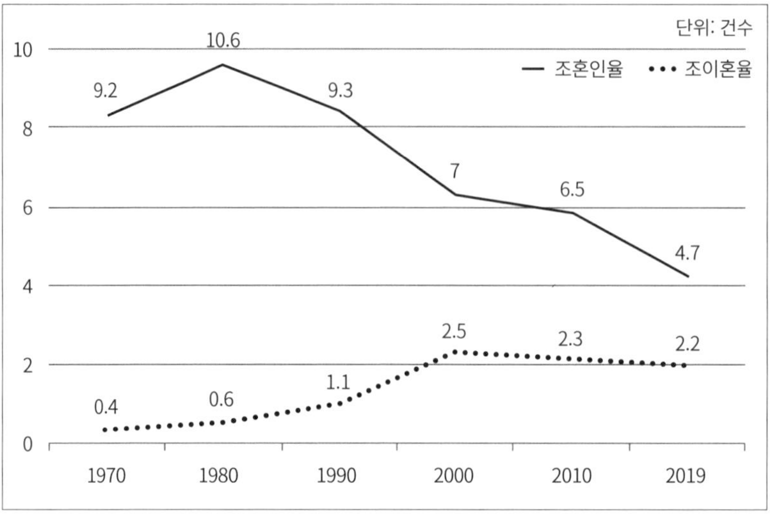

<그림 3-1> 조혼인율과 조이혼율, 1970~2019

* 조혼인율은 인구 1천 명당 혼인 건수, 조이혼율은 인구 1천 명당 이혼 건수를 의미한다.
자료: 통계청, 「인구동향조사」, 해당년도

만, 재혼은 증가하고 있다. 2020년 기준, 전체 혼인 중에서 재혼이 차지하는 비율은 여성 17.8%, 남성 15.6%이다. 이는 1980년 여성 4.1%, 남성 6.3%와 비교하면 괄목할 만한 증가이다.[7] 혼인 건수의 감소 추세에도 재혼 비율이 꾸준히 증가해왔다는 것은 초혼은 전체 혼인율의 감소폭보다 훨씬 크게 줄었음을 의미한다. 여성과 남성 모두의 재혼 건수가 증가하고 있지만, 남성의 재혼이 많았던 과거와는 달리 1990년대 중반부터는 여성의 재혼이 늘어나고 있다. 이는 여성의 재혼을 금기시했던 전통적 규범[8]이 약화되고 있음을 말해준다.

7 통계청, 「혼인 · 이혼 통계」, 해당년도.

8 여성 재혼 금기는 조선 성종 시대 과부 재가금지법에서 유래한다. 이후에도 여성의 재

둘째, 이혼 증가로 나타난 결혼 지속성의 약화이다. 한번 결혼하면 죽을 때까지 함께하는 것이 바람직한 결혼이라는 인식이 변화되고 있다. 이혼 통계를 보면 조이혼율은 1970년 1천 명당 0.4건, 1990년 1.1건에서 2019년 2.2건으로 증가했다. 1970년과 비교해보면 이혼하는 건수가 5배 이상 증가한 것으로 볼 수 있다(<그림 3-1> 참조). 오랜 기간 혼인을 유지해왔던 부부간의 이혼도 점차 증가하고 있다. 지난 10여 년간 혼인 지속 기간이 20년 미만인 부부의 이혼은 감소하지만, 20년 이상 유지했던 부부의 이혼은 증가하는 추세이다.[9] 1990년대 이후 이혼이 증가한 배경에는 개인화 추세, 여성 취업 증가, 성평등 의식 확산 등 사회 문화적 요인과 함께, 1991년부터 시행된 개정가족법에 재산분할청구권이 신설되어 이혼하는 여성에게 과거와 비교해 다소 유리해진 것도 한 요인으로 작용하고 있다(이재경, 2003: 179).

셋째, 비혼 동거가 결혼의 대안으로 부상하고 있다. 제2차 인구 변천 이론이나 결혼의 탈제도화 논의에서 변화의 핵심 중 하나로 꼽히는 현상은 비혼 동거의 증가이다. 서구 사회에서는 동거가 일반화된 라이프 스타일 중 하나로 여겨지지만, 한국을 비롯한 동아시아 국가에서는 흔하지 않다(Ochiai, 2013; Raymo et. al., 2015). 우리 사회에서 실제 얼마나 많은 커플이 동거하는지에 대한 자료와 통계 역시 드문 상황이다. 동거에 대한 공식적인 통계는 혼인신고할 때 과거 동거 여부를

혼은 금기시되었으며, 2005년까지만 해도 여성은 남성과 달리 법적으로 '재혼 금지 기간'이 있었다. 임신한 아이의 출생 관계를 명확히 하기 위해 이혼 후 6개월간 재혼을 못 하게 한 것이다.

9 통계청, 「혼인 · 이혼 통계」, 해당년도.

묻는 방식으로 집계한다. 이 자료를 통해 부부의 혼인신고 전 동거 여부와 기간을 파악할 수 있다. 물론 결혼으로 이어지지 않은 동거 사례를 파악할 수 없다는 근본적인 한계로 인해 동거 가구의 유형이나 변화 추이를 총체적으로 추정하기는 어려우나, 혼인신고 자료를 통해 제한적이지만 추세를 가늠할 수 있을 것이다. 우리 사회에서 동거는 일반적이지는 않지만, 혼인신고 자료에 의하면 과거보다 증가하고 있다. 혼인신고 이전 동거 기간이 1년 이상인 부부의 비율은 1995년 7.1%에서 2015년 10.8%로 증가했다(김원정 · 김순남, 2018: 74-76).

마지막으로, 결혼 변화와 맞물려서 나타나는 현상은 출산율 하락과 초저출산의 지속이다. 한국 사회는 동거나 비혼 출산에 부정적인 인식이 높아서 출산율은 결혼율과 밀접하게 연결된다. 초혼 나이가 상승하고 결혼이 지연되면서 출산 자녀 수가 감소하고 있다. 합계출산율은 가임 여성 1명이 낳을 수 있는 평균 자녀 수인데, 1970년 4.5명에서 1990년 1.6명으로 급격히 하락했고, 2005년에는 1.1명, 2015년에는 1.2명, 2020년 0.84명으로 감소 추세를 이어오고 있다. 한편 결혼 지연 및 초혼 연령이 증가하면서 여성의 평균 출산 나이 또한 꾸준히 상승하고 있는데, 1970년에는 23.3세였던 첫 자녀 출산 나이가 1990년 24.8세, 2000년 27.7세, 2010년 30.1세, 2019년 33.0세로 상승했다.[10] 세계 대부분 지역에서 출산율이 감소하고 있으나 주로 남유럽과 동아시아 국가들에서 급격한 감소 추세를 보인다. 한국은 초저출산ultra-low fertility 국가에 해당하며, 2019년 기준 합계출산율 0.92로 OECD 국가

10 한국여성정책연구원, 『한국의 성인지 통계』, 해당년도.

중 최하위를 차지하고 있다. OECD 회원국 평균 합계출산율은 1.61이며, 합계출산율 1.0 미만의 국가는 한국이 유일하다(OECD, 2021). 저출산과 급속한 고령화로 인해 가까운 미래에 생산인구가 감소하고 경제적 활력이 둔해질 것으로 예상되면서 사회적 위기 담론이 부상했다. 지난 20여 년간 정부는 막대한 재정을 들여 저출산 정책을 시행해왔으나 여전히 초저출산 현상을 벗어나지 못하고 있어 그 효과는 미미한 것으로 평가된다.[11]

3. 결혼 규범과 인식의 변화

앞에서 살펴보았듯이 혼인율의 감소, 초혼 나이의 상승, 이혼 및 재혼의 증가 등 한국 사회에서 결혼 규범이 변화되고 있다. 낭만적 사랑을 토대로 한 근대 이성애 결혼 제도는 20세기 후반부터 도전을 받아왔다. 비혼, 이혼, 재혼이 증가하고 있으며, 이에 대한 문화적, 제도적, 사회적 허용 수준도 빠르게 높아지고 있다. 과거에는 결혼 적령기에 결혼해서 자녀를 출산·양육해야 한다는 가족 규범이 강력했지만 이러한 가치들은 점차 변화되고 있다. 비혼에 대한 낙인과 차별, 이혼이나 여성 재혼에 대한 금기, 그리고 국제결혼에 대한 차별적 인식은 많이 변화되었다. 이 절에서는 기존의 결혼 관련 규범에 대한 태도와 비혼 동거 및 출산, 동성 결혼과 같은 새로운 파트너십에 대한 인식 두

11 연합뉴스, 2020. 2. 26. "14년간 185조 원 썼는데…출산율 1.13명 → 0.92명 '역주행'", https://www.yna.co.kr/view/AKR20200226094300002?input=1195m.

범주로 나누어 검토한다.

먼저 통계청 『사회조사』 자료를 중심으로 결혼, 이혼, 재혼에 관한 태도 변화를 보면, 결혼이나 이혼에 대해 당사자의 선택을 중시하고, 과거 금기시되었던 이혼, 재혼에 대한 허용 수준이 높아지는 경향이 나타난다. 우선, 지난 20여 년간 결혼에 대한 태도는 필수적인 것에서 선택적인 것으로 변화해왔다. 1998년에는 결혼에 긍정적으로 응답한 비율이 전체의 73.5%였으나, 이후 감소하여 2020년에는 절반 정도인 51.2%가 결혼에 긍정적인 태도를 보였다. 이러한 태도는 성별로 차이를 보이는데, 여성은 남성보다 결혼에 대해 비전통적인 태도를 보인다. 1998년에는 여성의 67.9%가 결혼을 반드시 해야 하거나 하는 것이 좋다고 응답했으나 2020년에는 44.3%만이 이에 해당하는 것으로 나타났다. 남성의 경우 1998년에는 79.5%가 결혼을 하는 것이 좋거나 반드시 해야 한다고 응답했으나 2020년에는 그 비율이 58.2%로 감소했다. 특히 이 기간에 결혼해도 좋고 하지 않아도 좋다는 태도가 많이 증가했는데 여성의 경우 28.9%에서 47.3%, 그리고 남성은 18.4%에서 35.4%로 증가했다.[12]

이혼에 대한 태도를 살펴보면, 1998년에는 이혼을 해서는 안 된다고 생각하는 경우[13]가 전체 응답자 중 60.3%였으나, 2020년에는 30.3%로 감소해 긍정과 부정 비율이 역전되었다. 지난 20여 년 동안 남녀 모두 이혼에 대해 긍정적인 태도[14]로 변화해왔는데, 여성이 남

12 통계청, 『사회조사』, 해당년도.
13 '이혼은 절대 안 됨'과 가급적 '이혼은 해선 안 됨'으로 응답한 경우를 합한 비율이다.
14 '이유가 있으면 이혼하는 것이 좋음'과 '경우에 따라서'라는 응답을 합한 것이다.

성보다 이혼에 대해 허용적인 태도를 보인다. 남성의 경우 1998년에는 34.0%만이 이혼을 할 수 있다고 생각했지만 2020년에는 65.2%가 이혼할 수 있다고 보았고, 여성의 경우는 41.1%에서 70.4%로 증가했다.[15] 한편 재혼에 대해서는 긍정적이거나 부정적인 상반된 방향이 아닌 '해도 좋고, 하지 않아도 좋다'는 중립적인 의견이 다수이다. 재혼에 대해 긍정적인 태도는 조금 감소하고, 부정적인 견해는 조금 증가했으나, 중립적인 입장은 많이 증가했다. 전체적으로 보면 '해도 좋고, 하지 않아도 좋다'라는 중립적 태도가 1998년 52.2%에서 2020년 64.9%로 증가했다. 이러한 인식 변화는 여성과 남성 모두에게 유사하게 나타났다.[16] 재혼에 대한 의견은 상황에 따른 개인의 선택으로 보는 경향이 있는 것으로 해석할 수 있다. 이혼이나 재혼에 대한 태도 변화는 '검은 머리 파뿌리될 때까지'로 표현되는 일생 단 한 번의 결혼이라는 문화적 이상이 해체되어가고 있음을 보여주는 것이다.

다음으로 새로운 파트너십에 대한 인식과 태도를 살펴보자. 먼저 비혼 동거에 있어서는, 현재 동거율 증가가 뚜렷하게 나타나지는 않지만 머지않아 젊은 남녀가 동거를 선택하는 것에 대한 사회적 허용 수준은 높아질 것으로 보인다. 통계청 『사회조사』 자료를 바탕으로 '남녀가 결혼하지 않아도 함께 살 수 있다'는 진술에 대한 태도 변화를 살펴보면, 2008년에는 전체 응답자 중 42.3%가 동거에 긍정적인 태도

15 통계청, 『사회조사』, 해당년도.

16 여성의 경우 재혼을 해도 좋고 하지 않아도 좋다는 응답이 1998년에는 53.0%, 2020년에는 64.2%, 남성의 경우 1998년 51.5%, 2020년 65.6%로 남녀 모두 증가했다(통계청, 『사회조사』, 해당년도).

를 보였으나, 이후 차츰 증가하여 2018년에는 56.4%가 동의하는 것으로 나타났다. 성별로 보면 여성이 남성보다 조금 더 보수적인 태도를 보이는 것으로 나타났지만, 대체로 남녀 간 큰 차이는 없었다. 2008년은 여성의 30.6%, 남성의 26%가 전적으로 반대했고, 여성의 38.8%와 남성의 45.9%는 동의했다. 그러나 2020년에는 여성의 17.8%, 남성의 14.3%가 전적으로 반대하는 것으로 나타나 결혼하지 않고 같이 사는 것에 있어 남성과 여성 모두 긍정적인 방향으로 바뀌고 있음을 알 수 있다. 실제로 2020년에는 여성 전체 중 57.0%, 남성은 62.4%가 결혼하지 않고 함께 살 수 있다는 의견에 동의하는 것으로 나타났다(<그림 3-2> 참조). 연령대별로 보면 젊을수록 긍정적인 경향을 보인다. 20대와 30대는 남녀 모두 70%(20대 남성 75.4%, 20대 여성 73.3%, 30대 남성 75.1%, 30대 여성 71.2%) 이상이 동의하고 있다.

동거에 대한 태도가 허용적인 방향으로 바뀌고 있는 것과 달리, 비혼 출산에 대한 태도는 아직까지 상당히 보수적인 경향을 보인다. 연령대로는 30대가 동의하는 비율이 높지만, 여성과 남성의 태도 차이는 미미하다. 통계청 『사회조사』 결과 '결혼하지 않고도 자녀를 가질 수 있다'에 동의하는 사람은 2020년 30.2%(2008년 21.5%)이며, 여성은 28.8%(2008년 19.7%), 남성은 32.5%(2008년 23.3%)이다(<그림 3-3> 참조). 30대는 2020년 38.3%가 동의했고, 30대 여성은 38.1%, 30대 남성은 38.4%가 동의했다. 결혼이나 이혼에 대한 태도는 여성이 진보적으로 나타나는데, 비혼 동거나 출산에서는 여성이 남성에 비해 다소 보수적인 태도를 보이는 현상은 심층적인 분석을 필요로 한다. 한 가지 추측할 수 있는 이유로는 여성의 경우 결혼 제도가 지속되는 현실에서 비

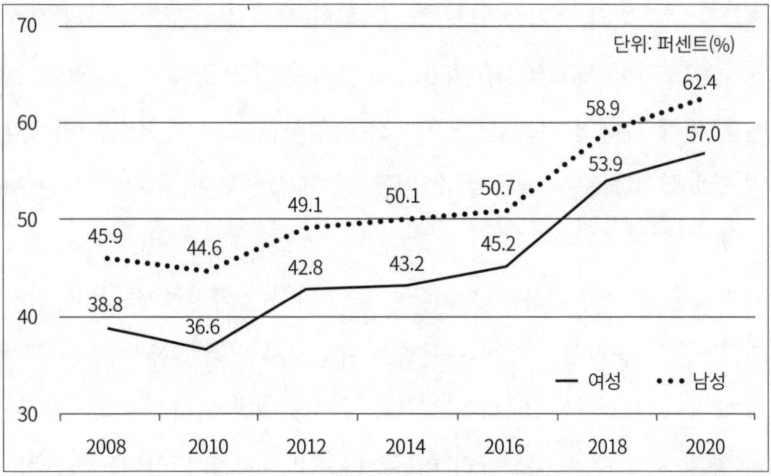

<그림 3-2> 성별 동거에 대한 태도, 2008~2020

주: 1) '남녀가 결혼을 하지 않아도 함께 살 수 있다'는 질문에 대한 응답에서 '전적으로 동의'와 '약간 동의'를 합한 비율임

2) 13세 이상 인구 대상임(2010년 이전은 15세 이상)

자료: 통계청, 『사회조사』, 해당년도

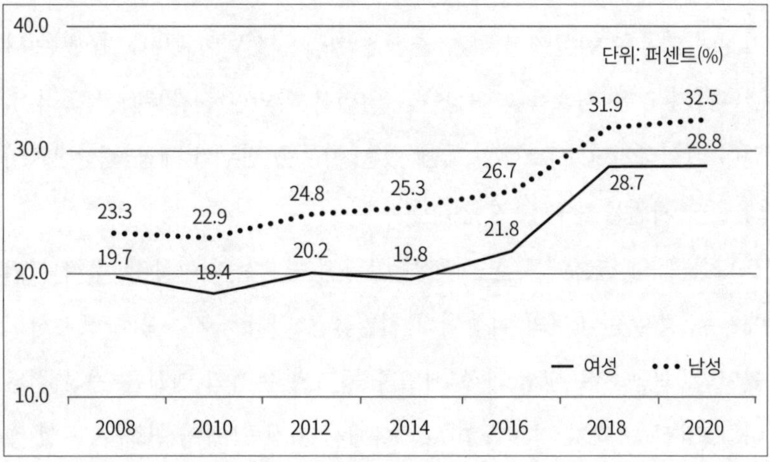

<그림 3-3> 성별 비혼 출산에 대한 태도, 2008~2020

주: 1) '결혼하지 않고도 자녀를 가질 수 있다'는 질문에 대한 응답에서 '전적으로 동의'와 '약간 동의'를 합한 비율임

2) 13세 이상 인구 대상임(2010년 이전은 15세 이상)

자료: 통계청, 『사회조사』, 해당년도

혼으로 파트너와 동거하거나 출산을 하면 사회적 편견뿐 아니라 복지 정책을 포함한 제도적 불이익을 감수해야 한다는 점을 들 수 있다. 출산을 해야 한다면 결혼 제도 안에서 실행하는 것이 사회적인 인정과 제도적 실리를 모두 획득할 수 있는 더 나은 선택이 될 수 있다는 것이다.

한국을 포함한 일본, 대만, 중국 등 동아시아 국가들에서는 동거가 사회적으로 승인되기 어려운 문화적 규범으로 인해 결혼 제도는 강건하게 유지되고 있는 것으로 보인다. 동거에 대한 비허용적 태도는 관련 통계 자료 구축이 상당히 미흡하다는 사실에도 반영되는데, 태도 조사 자료를 통해 동거에 대한 허용 수준을 가늠하는 정도이다. 결혼으로 이어지는 동거는 가능하지만, 서구와는 달리 동거가 제도적인 수준에는 이르지 못하고 있으며, 따라서 동거 연인이나 비혼 여성의 자녀 출산은 매우 드물다. 특히 미혼 여성의 임신과 출산에 대한 제도적 지원이 미흡한 현실에서 비혼 출산은 어려운 선택이 된다. 미성년이나 결혼하지 않은 저소득층 여성들은 임신을 확인한 순간부터 제도적 지원이 절실하지만, 시스템의 밖에 있는 이들은 정부가 제공하는 진료비와 출산 지원을 받을 수가 없다.[17]

다음 동성 결혼에 관한 사회적 인식에 관해서 알아보자. 우리 사회에서는 결혼 안에서의 이성애적 친밀성을 정상적 가족으로 전제하고 있지만, 최근 서구에서 가족 제도를 둘러싼 논쟁의 핵심은 동성 결혼이다. 사실 21세기 결혼과 파트너십에서 가장 극적인 변화는 동성 결

17 이러한 상황은 '위기 출산'으로 불린다. 중앙일보, 2021. 8. 27. "위기 출산", https://www.joongang.co.kr/article/25001960.

혼이며, 20여 년 전만 해도 상상하지 못했던 일이다. 동성 결혼 합법화에 대한 요구는 제도로서의 결혼, 즉 결혼중심주의가 강한 사회에서 높은 경향이 있다. 예컨대 유럽 국가와 비교해 상대적으로 결혼율이 높고, 결혼 중심의 문화가 일반적인 미국에서는 동성 결혼이 증가 추세이다. 그러나 동성 결혼의 합법화가 근대 이성애 결혼 제도의 틀을 벗어나지 못함으로써, 결과적으로 결혼보다는 동거를 원하는 동성애자나 이성애자 모두를 주변화시키며, 결혼 중심의 파트너십을 강화할 것이라는 우려도 있다(Stacey, 2011: 198-200).

가족에 대한 정의는 사회 변화에 따라 수정되고 있다. 2000년 이후 미국인들이 생각하는 가족 개념을 추적한 연구(Powell, Bolzendahl, Geist, and Steelman, 2010)에 의하면, 사람들은 과거보다 가족을 개방적이고 폭넓게 정의한다. 결혼 여부나 자녀 여부에 상관없이 이성애 커플과 동성애 커플도 모두 포함해야 한다는 비율이 증가하고 있다. 최근 우리 사회에서도 비록 법적 지위는 보장받지 못하지만, 동성 연인이 결혼식을 치른 사례도 있고, 적지 않은 동성애자들이 지속적이고 안정적인 파트너십을 유지할 수 있는 제도적 대안을 모색하고 있다(김순남, 2013; 한빛나, 2015). 이러한 배경에서 성애적 결합이나 파트너십에 유연성을 제공해줄 수 있는 문화적, 제도적 변화는 필수적이다(이재경, 2015: 303-304).

동성애나 동성 결혼에 대한 견해를 살펴보는 것은 결혼 규범의 변화를 볼 수 있는 중요한 지표이다. 2021년 5월 1,000여 명을 대상으로 한 조사에 의하면, 동성 결혼 법제화에 대해 응답자의 38%가 찬성, 52%가 반대했다. 동성 결혼 법제화 찬성 의견은 2001년 17%, 2013년

25%, 2021년 38%로 늘었다. 2021년 현재 연령대별로 보면, 20대와 30대에서는 찬성(20대 73%, 30대 52%)이 우세하고, 50대 이상에서는 반대(50대 61%, 60대 이상은 72%) 의견이 우세했다.[18] 동성애 커플의 가족 구성을 논의한 한빛나(2015: 54)는 가족을 만들고자 하는 동성애 커플들의 관심은 사회적 인정이 수반되는 '결혼 의례ritual'에 있다고 했다. 이들은 결혼식을 통해 동료 집단과 친족으로부터 자신들이 한가족이 되었음을 인정받기 원한다. 그러나 자신들의 관계가 공개되기를 원하지 않는 상황에서는 게이·레즈비언·성 소수자 커뮤니티를 통해 다양한 네트워크를 만들면서 스스로 선택한 '동성애 가족'의 지속 가능성을 모색한다. 동성 파트너 관계는 사회적, 문화적 각본의 부재로 인해 이성애와 유사한 부부 관계를 실천하거나, 이성애 결혼과는 달리 평등한 관계를 모색하기도 한다.

동성 파트너십의 사회적 수용은 두 가지 방식으로 이루어진다. 하나는 동성 결혼 합법화이고, 다른 하나는 동성이든 이성이든 동거 파트너십을 유지하는 사람들을 위한 법적, 제도적 장치의 마련이다. 사회적으로 결혼을 중시하는 미국과 같은 사회에서는 합법화에 대한 요구가 많지만, 결혼 규범이 강하지 않은 유럽에서는 동거를 택한 연인이나 가족에 대한 법적 장치를 마련해왔다. 스웨덴의 동거법(1988년), 네덜란드 동반자등록법(1998년), 프랑스 시민연대계약(1999년), 독일의 파트너등록법(2001년) 등이 그 예이다. 이 법들은 구체적인 내용에서는 다소 차이가 있지만 동거 커플에 대한 법적 권리와 의무를 인정하고

18 한국갤럽, 「데일리 오피니언」 제448호, 2021.

있다.[19] 대체로 사회보장, 납세, 임대차 계약, 채권 채무 등에서 혼인과 같은 권리 의무를 보장하고 있다. 이러한 법제도는 이성애적 친밀성을 전제한 결혼이나 가족, 그리고 이분법적 젠더 범주에 대한 정의와 경계를 완화하는 것으로 평가할 수 있다. 그러나 우리 사회에서는 이러한 제도적 변화가 쉽지 않다. 예를 들어 생활동반자법이나 차별금지법의 제정을 통해 동성애자들을 제도적으로 인정하자는 목소리가 높아지지만, 보수화된 개신교의 반대로 진전을 보지 못하고 있다. 여성계에서는 오랫동안 양성평등 대신 성평등gender equality을 공식적인 용어로 사용하자는 주장을 해왔는데, 이에 대해서도 동성애를 조장한다는 이유로 반대 의견이 많다.

4. 갈등적 실천: 제도적 실리와 문화적 이상

앞에서 살펴본 바와 같이, 결혼 관련 통계와 조사 결과는 결혼이 변화하고 있음을 보여주지만 동시에 가족에 관한 전통적인 태도가 병존하는 상황과 실천도 나타나고 있다. 이는 개인의 욕구와 가족을 포함한 여타 사회 제도의 갈등, 또는 가족, 노동, 복지 등 다양한 제도 간의 충돌이 일어나는 후기산업사회 특성과 관련이 있다. 결혼, 이혼, 재혼 등 결혼 행위가 변화되고, 이에 대한 태도도 비전통적인 성향을 보인다. 그러나 비혼 동거나 비혼 출산에 대해서는 태도 변화의 속도가 느

19 중앙일보, 2018. 3. 30. "북유럽·프랑스 등 혼외 출산 많은 선진국, 출산율도 높다", http://news.joins.com/article/22490927.

리고, 결혼이나 가족 중심의 관행은 여전히 지속되고 있다. 제도적 실리와 개인화된 문화적 이상이 충돌하면서 모순적 행위나 태도를 보이는 것이다. 사람들은 자율성이나 주체성을 중시하고 자아실현을 추구하는 한편, 결혼이나 가족 중심적인 문화가 강한 사회에서 결혼하지 않음으로써 감수해야 하는 편견이나 불이익을 피하고 제도적 안전과 보장을 얻고자 하는 것이다. 이처럼 사람들은 실리와 이상 사이에서 갈등적 실천을 하게 되는데, 세 가지 측면에서 논의할 수 있다.

첫째, 결혼이 개인의 선택이라는 견해가 우세하지만, 이와는 모순된 태도도 동시에 나타난다. 즉 결혼 자체에 대해서는 개인의 선택이 중요하지만 결혼생활에서는 가족이 우선한다는 태도를 보인다는 것이다. 가족 지향적 개인화라는 이중적 현상이 결혼에서도 나타난다. 통계청 『사회조사』 결과 '결혼생활은 당사자보다 가족 간의 관계가 우선해야 한다'라는 질문에 동의한 응답자의 비율은 2008년 51.1%, 2018년 48.5%로 나타나, 결혼이 단순히 당사자들의 일이 아니라 가족의 일이라는 관념이 여전히 지속되고 있음을 보여준다. 해당 응답에서 뚜렷한 성별 차이는 발견되지 않았지만, 이를 20, 30대에 한정해서 보면 여성이 남성에 비해 반대 의견이 높았다. 2018년 기준, 20대 여성 64.0%와 20대 남성 54.6%, 30대 여성 57.5%와 30대 남성 53.2%가 반대 의견을 표명했다.[20] 이러한 결과는 최근 결혼 규범이 약화하고 있으나, 여전히 전통적인 실천은 지속되고 있음을 말해준다. 최근으로 올수록 결혼이나 가족 규범의 경직성은 개방적으로 변화하고 있지만, 아

20 통계청, 『사회조사』, 해당년도.

직 당사자의 선택과 자율성이 중시되는 개인화된 결혼이라 하기는 어렵다. 우리 사회에서는 결혼이 단순히 개별 남녀의 결합이 아니라 가족 간의 결합이라는 인식이 지속되고 있다.

이처럼 엇갈리는 태도에는 21세기 한국 가족의 복잡한 지형이 반영되어 있다. 결혼보다 가족 관계가 우선이라는 태도에는 결혼의 '탈제도화'와 상반되는 규범화된 결혼, 심지어 전통적 결혼 규범의 일면이 나타난다. 그러나 결혼하지 않아도 된다고 생각하는 사람들이 다수인 사회에서 여전히 결혼을 가족의 일로 여기는 현상은 전통의 온존이라는 차원에서만 해석할 수 없다. 여기에는 중산층 이상에서 결혼의 물질적인 기초가 부모의 소득과 재산이라는 현실이 반영되어 있다. 결혼에 필요한 비용, 특히 도시의 높은 주택 비용을 부모 도움 없이 젊은 세대가 자신의 소득으로 충당하기란 거의 불가능하다(오지혜, 2020; 이재경·김보화, 2015; 황정미, 2018). 한국의 많은 부모는 성인 자녀의 결혼을 경제적으로 지원하는 것을 부모의 의무로 인식하는 경향이 강하다.

두 번째는 비혼 동거와 출산에 관한 것이다. 셜린(Cherlin, 2004)은 결혼의 탈제도화 현상의 중심에는 동거와 동성 결혼이 있다고 했다. 핵가족 형성의 중심은 이성애 결혼이었으나, 이러한 규범은 변하고 있다고 보았다. 그러나 우리 사회에서는 여러 인구 동태적 변화에도 불구하고 '결혼 중심'의 규범이 여전히 지속되고 있는데, 비혼 동거와 출산에 대한 허용 수준이 낮은 데서 이를 확인할 수 있다. 김원정·김순남(2018)은 강한 가족 규범이나 가족주의로 인해 동거가 오랫동안 결혼의 잔여로서 비정상화·비가시화되어왔다고 주장하면서, 서구와는 달리 결혼의 대체 혹은 대안이 되고 있지 않다고 했다.[21] 한국 사회에서 동거는 여전히 비규범적인 가족 실천에 머물러 있으며, 계층화된 양상[22]을 보인다. 미국 사회에서도 동거는 계층화되어 있는데, 고학력자보다 저학력자들의 동거율이 더 높다(Cherlin, 2020).

앞서 언급했듯이 혼인 감소, 이혼·재혼 증가 등 혼인의 변화는 동아시아 국가 모두에서 공통으로 나타나는 현상이다. 서구와는 달리 성인 남녀의 동거는 크게 증가하지 않는데, 이는 성적 행위와 자녀 출산을 결혼 내로 한정하는 문화적 특성에서 비롯된 것이다(Raymo et. al., 2015). 유럽에서 결혼 연령의 상승과 비혼 인구의 증가는 동거와 비혼 출산의 증가와 함께 나타났다. 이에 반해 동아시아에서는 비혼 동거나 출산의 증가가 나타나고 있지 않아 제2차 인구 변천 과정에서 다소 예외적인 추세로 인식되고 있다(Ochiai, 2013). 낮은 동거율은 낮은 출산율과 연동되는 것으로 파악되는데, 일본, 대만, 한국, 싱가포르 등 저출산 아시아 국가의 비혼 동거율이 낮다. 근대 결혼에 대한 태도 변화에

21 1995년과 2015년 사이 혼인신고 자료를 이용하여 동거 특성의 변화를 분석한 결과 첫째, 가부장적 결혼·가족 규범에 벗어난다고 여겨지는 연인 사이의 동거는 여전히 동거의 지배적인 유형이지만 점차 축소되고 있다. 둘째, 경제적 조건이 이상적인 결혼 요건에 못 미치는 연인 사이의 동거는 최근으로 올수록 더욱 확대되는 양상을 보인다. 셋째, 예비 동거, 대체 동거, 편의 동거 역시 약간씩 증가 추세에 있다(김원정·김순남, 2018: 86).

22 김원정·김순남(2018)은 한국 사회에서 과거의 지배적인 동거 형태가 가부장적 정상 결혼의 규범적 잔여였다면, 오늘날 동거는 경제적 불안정성의 효과로서 성격을 더 강하게 띠게 되었다고 말한다. 따라서 최근으로 올수록 동거가 계층화된다고 하면서 이러한 현상에 우려를 표한다. 그러나 과거 산업화 시대에도 저소득층 남녀가 경제적 이유로 동거를 하는 경우가 많았다. 사실혼의 법적 보호나 종교 기관이나 사회단체에서 주관하는 합동결혼식 등은 혼인신고를 못 했거나 결혼식을 하지 못한 저소득층 동거 부부가 적지 않음을 보여주는 것이다. 즉 과거나 현재나 경제적 불안정은 결혼에 장애가 되는 것이다.

도 불구하고 '결혼 중심'의 행위가 지속하고 있는 측면을 볼 수 있다.

앞에서 언급했듯이 우리 사회에서 비혼 출산에 대한 인식은 여전히 전통적인 성향을 보이고 있다. 지난 10여 년간 결혼하지 않고 자녀를 낳는 비혼 출산에 대한 견해를 보면 큰 변화가 없었다. 앞에서 언급했듯이 남녀 모두 비혼 출산에 대해 부정적인 태도를 보이지만 여성의 보수적인 성향이 눈에 띄며, 이는 여전히 결혼 제도가 견고함을 말해준다. 소위 '바람직한 것'과 '바람직하지 않은 것', 즉 '정상'과 '비정상' 간의 차별과 편견이 심한 한국 사회에서 비혼 출산은 상상하기 어려운 일이다. 출산율 하락이 심각한 사회 문제로 대두되었던 2000년대 중반까지도 비혼모 출산에 대한 사회적 지원 체계가 없었고 전문가들 사이에서도 비혼모를 지원하면 비혼 출산을 장려하게 되어 도덕적 문제가 발생한다는 부정적 견해가 있었다. 그러나 최근에는 자발적 비혼모 후지타 사유리 사례를 통해 사회적 인식이 변화해가고 있음을 알 수 있다. 이들 모자가 육아를 소재로 한 TV 프로그램인 <슈퍼맨이 돌아왔다>에 출연한다는 소식에 찬반 논쟁이 있었지만, 지난 몇 개월간 출연하면서 인기를 얻고 있다.

비혼 출산에 보수적인 한국 사회와 달리, 혼인 외 자녀 출산은 많은 OECD 국가들에서 허용되고 실천되고 있다. 출산율이 높은 유럽 국가들에서는 동거 부부에 의한 비혼 출산율이 높다. 2018년 기준 OECD 국가들의 평균 혼외 출산율은 40.7%로, 5명 중 2명의 아이가 결혼하지 않은 부모로부터 태어난다. OECD 국가 중 혼외 출산율이 50% 이상인 국가는 칠레, 덴마크, 에스토니아, 프랑스, 아이슬란드, 멕시코, 네덜란드, 노르웨이, 포르투갈, 슬로베니아, 스웨덴의 총 11개국이다.

반면 혼외 출산율이 10% 미만인 국가는 이스라엘, 일본, 한국, 터키의 4개국에 불과하다. 그중에서 일본, 한국, 터키의 경우에는 혼외 출산율이 2~3%로 극히 낮은 수준이다.[23]

마지막 쟁점은 근대 결혼이 지속되는 배경에 관한 것이다. 탈제도화는 결혼이 사라진다는 의미가 아니라 제도로서의 결혼이 쇠퇴한다는 의미이다. 21세기 결혼은 많은 경우 결혼, 이혼, 동거, 재혼 등을 거듭하는 연속적 일부일처제 또는 '회전목마와 같은 결혼marriage-go-round'의 양상을 보인다(Cherlin, 2009). 이러한 평가는 미국 사회에 해당하는 것인데, 결혼도 많고 이혼, 재혼도 많다. 미국은 유럽 국가와 달리 혼인율이 높고 따라서 이혼율도 높다. 이혼율은 혼인율과 연동되는 것이며, 우리 사회도 이런 점에서 유사하다. 결혼이 지속되는 배경에는 두 가지 상반된 문화적 이상의 추구가 자리하고 있다. 하나는 결혼을 통해 두 사람이 삶을 공유하겠다는 공식적 약속이고, 다른 하나는 개인의 선택과 자기 계발을 강조하는 개인주의적 이상이다. 사람들은 결혼의 규범적인 이상과 표현적인 개인주의적 이상 둘 다 인정하려 하며, 종교나 법도 양극단에 있는 두 가지를 모두 포용한다. 그래서 개인의 혼란과 공적인 논쟁이 지속되는 것이다(박수민, 2017; Cherlin, 2020).

고학력 비혼 남성과 여성들이 참여한 심층면접을 통해 한국 사회 결혼의 탈제도화를 논의한 박수민(2017)은 비혼의 이유를 탈전통적이라기보다 전통적인 문화적 레퍼토리에서 찾을 수 있다고 한다. 비혼을

23 OECD, 「OECD Family Database」, http://www.oecd.org/els/family/database.htm.

선택한 이들이 갖는 결혼 제도와 가족에 대한 이미지는 탈규범적이기보단 전통적인 것에 가까웠다. 그들은 결혼을 친밀성과 섹슈얼리티를 규제하는, 그리고 개인을 억압하고 희생을 요구하는 제도로 파악하고 있었다. 가족에 대한 문화적 레퍼토리는 원가족과 결혼 제도에 대한 비판적 담론을 통해 형성하지만, 자신의 삶을 기획하는 레퍼토리는 개인화된 문화에서 차용하는 이중의 구도 속에 있다. 즉 결혼은 강제적이고 의무적이고, 비혼은 선택이라는 이분화된 프레임을 가지고 있었다. 전통적인 결혼에 대한 거부감이 비혼의 배경에 우선적으로 작동하고 있는 것이다. 앞서 언급한 여성들이 결혼이 불리하다고 하면서 동시에 결혼할 의향도 가지는 것과 유사한 맥락이다. 이는 비혼, 만혼 등 결혼 규범이 느슨해지는 와중에도 결혼 제도가 영향력을 유지하는 모순된 상황에 대한 설명을 제공할 수 있다.

사람들은 왜 계속 결혼하는가? 결혼 시기가 지연되고, 지속 기간은 짧아지지만, 많은 성인은 여전히 결혼을 선택한다. 결혼 제도는 두 성인이 장기적이고 성적으로 배타적인 관계 속에서 자녀를 양육하고, 경제적으로 협력해서 자원을 통합할 수 있도록 관리한다. 대다수 사람들은 그들의 삶의 어느 시점에서 그러한 관계를 유지한다. 결혼이 이전에 갖고 있던 이러한 기능적 목적은 어느 정도 약화되었지만, 그 상징적인 지위, 즉 '특권의 표식'은 여전히 살아 있다. 사람들은 사회 경제적 성공뿐만 아니라 개인과 가족의 삶의 성과를 보여주기 위해 계속 결혼하는 것이다(Cherlin, 2020; Lauer and Yodanis, 2010). 우리 사회에서도 사회 계층에 따라 결혼율이나 출산 자녀 수의 차이를 보인다. 즉 연애와 결혼은 중산층의 표식이 되어가는 것이다(조귀동, 2020). 최근 젊은 여성들이 중심이 된 4B[24] 운동은 여성들 사이에 비출산, 비혼 등에 대한 의지가 발현되는 것으로 볼 수 있고, 결혼·가족 관련 태도 조사에서도 여성들은 진보적 태도를 보인다. 이는 과거보다 결혼에 대한 인식이 개방적이 되고, 결혼생활에 대한 기대가 낮아진 것으로 볼 수 있다. 그러나 가부장제 가족에 대한 거부가 동거나 동성 결혼, 비혼 출산 등 새로운 파트너십이나 가족 실천으로 이어지지는 않는다.

가족주의가 지속되는 한국 사회에서 결혼은 매우 중요한 생애 사건이다. 비혼 동거나 비혼 출산을 선택하지 않는 배경에는 결혼해서 얻게 되는 규범적, 제도적 실리가 있다. 가부장제를 체계화한 각종 사회 제도가 지속되는 한 결혼이 아닌 다른 선택을 하면 제도적 불이익을 감수해야 한다. 그러나 사실 선택이라는 의미는 현실에서 매우 복잡하며, 비혼 동거나 출산을 하지 않는 이유를 단순히 불리해서라고 평가하기도 쉽지 않다. 한국 사회 결혼과 가족은 가족주의와 개인화의 갈등적 동행, 제도적 실리(또는 불이익 회피)와 문화적 이상의 갈등적 결합, 즉 비전통적인 의식과 전통적인 실천이라는 특징을 보여주고 있다.

---

24 비非연애·비非성관계·비非결혼·비非출산을 주장하며, 수년 전부터 20~30대 여성들 사이에서 확산하고 있는 운동이다. 한국 사회의 전통적인 가부장제에 저항하고자 결혼이나 출산뿐 아니라 이성과의 연애, 성관계도 거부하는 것이다.

4장

결혼 시장: 불평등의 재생산

후기산업사회 가족의 변화는 모든 계층 집단에서 같은 모습으로 나타나지 않는다. 가족들이 겪는 변화 양상은 그들이 가진 사회 경제적 자원의 크기에 따라 달라지는데, 경제적 불평등이 심화하고 있는 현실에서 결혼은 개인과 가족의 계층적 지위를 재생산하는 중요한 매개가 된다. 우리 사회에서 혼인율 감소, 만혼화 추세, 출산율 하락에는 경제적 요인이 상당한 영향을 미치는 것으로 나타나고 있다. 흔히 청년 세대를 '삼포三抛[1] 세대'라고 하는데, 20대 후반과 30대 초반의 남녀가 경제적 부담으로 연애·결혼·출산을 포기하거나 기약 없이 미루고 있는 현상을 의미한다. 취업도 쉽지 않고, 안정된 직장은 더더욱 어려운 청년 세대에게 결혼은 현실적으로 이행하기 어려운 일이다. 이들의 주된 우려가 결혼 비용, 신혼집 마련, 데이트 비용 등의 경제적 부담이라는 점을 고려하면, 결혼 문제는 계층의 문제가 된다. 한때는 보편적으로 행해졌던 결혼은 이제 새로운 계층 구분의 표식marker이 되었으며, 안정적인 결혼생활은 사회적 위신prestige을 보여주는 것이 되었다(권오재, 2017; Cherlin, 2004: 855).

이 장에서는 한 사회의 불평등 구조가 결혼과 가족을 매개로 재생산되는 과정을 논의한다. 우선 결혼을 둘러싼 행위를 경제적 합리성과 교환의 논리가 지배하는 시장의 개념으로 설명함으로써 사회적 불평등과 어떻게 연결되는지 논의한다. 다음으로 실제 결혼 시장[2]에서 남녀의 조건들이 어떻게 거래되고 교환되는지 계층 재생산의 맥락에서 논의한다. 마지막으로 계층적 지위에 따라 결혼의 의미가 다르게 구성되는 과정과 맥락을 20~30대 비혼 여성들의 사례를 통해 분석한다.

1. 낭만적 결혼의 시장 논리

흔히 사랑의 감정을 사회 경제적 맥락과는 별개인, 운명이라는 계

---

1 최근에는 연애·결혼·출산뿐 아니라 집, 경력, 희망, 취미 등 N가지를 포기했다는 의미로 확장되어 N포 세대라 부르기도 한다.

2 결혼 시장은 두 가지 의미가 있다. 하나는 결혼 시장에서 결혼 및 젠더 규범, 성비 등에 따라 남녀 간의 교환 규칙이 정해지며, 가장 나은 배우자를 찾기 위해 시장의 교환 조건에 따라 경쟁한다. 다른 하나는 결혼과 관련된 행위 대부분이 시장경제 원리에 의해 적극적으로 포섭된다(이영자, 2008: 42-43).

산되지 않은 순수한 느낌으로 인식하지만, 사랑과 결혼은 개인의 감정, 문화적 규범, 사회 제도가 복합적으로 얽혀 있는 현상이다. 결혼과 가족은 성별 분업과 자원의 분배가 이루어지는 경제적 단위이지만, 여타 경제적 행위와는 구분된다. 가족 안에서는 감정 및 정서적 관계와 경제적 행동이 상호 동기와 의미를 부여하면서 공존한다. 즉 부부나 부모 자녀는 친밀성이나 감정을 공유하는 관계이면서, 부양을 책임지고 경제적으로 협력하는 관계이다. 그러나 근대 낭만적 사랑의 신화는 결혼의 경제적 속성을 은폐해왔다. 친밀성과 시장을 분리된 영역으로 간주하는 문화적 이상[3]은 사적 영역을 낭만화하며 가족과 시장을 배타적으로 구분해왔다.

사실 연애나 결혼은 남녀가 가진 자원의 교환을 매개로 이루어지며, 교환의 방식은 문화적으로 규정된다. 예컨대 신부값bridewealth이나 신부 지참금dowry은 결혼 가능한 남녀 성비와 여성의 경제적 가치에 의해 결정되며, 사회 문화적으로 지지된다. 과거 중매결혼이 보편화되어 있던 농경 사회에서는 사랑이나 성적 친밀성은 경제를 포함한 현실적인 조건을 고려한 결혼 후에 따라오는 것으로 생각했다. 반면 성인 남녀의 자유로운 연애를 허용하는 근대 사회에서는 사랑의 감정이 절대적인 것으로 인식되고, 연인이나 배우자의 조건을 따지는 행위는 부적절한 것으로 여겨졌다. 이처럼 낭만적 사랑과 결혼의 신화는 철저하게 경제적 논리와 젠더 불평등을 은폐시킨다. 특히 중산층에서 젊은

3 감정, 사랑, 애정, 친밀성, 돌봄이 비물질적이고 노동이 아니며, 자연스러운 여성성에 기반을 둔 역할이며, 경제의 영역과는 분리된 것이라는 신화는 근대의 산물이다(이재경, 2009: 184).

남녀는 낭만적 사랑을 결혼의 핵심적 동기로 여기며 사랑 없는 결혼은 비도덕적, 비윤리적이라고 비판한다.[4] 그러나 결혼은 두 사람의 다양한 자원이 교환 또는 거래되는 경제적 행위이며, 낭만적 사랑은 선물이나 이벤트 등 상품화된 의례로 대체되기도 한다. 즉 결혼 시장은 시장경제 원리에 따라 작동되는 것이다. 많은 결혼 적령기의 사람들은 조건이 좋은 배우자를 만나기 위해 경쟁하고 시장이 가치를 부과하는 조건을 갖추기 위해 노력한다. 그리고 교환의 규칙은 성비, 젠더 규범, 고용 등 시장 조건에 의해 정해지는데, 학력, 소득, 외모, 직업 등 유사한 수준의 조건이나 자원이 상호 교환되고 거래된다(이재경, 2009: 190).

결혼 시장에서 이루어지는 개인들의 거래는 결과적으로 불평등한 사회 구조를 유지·재생산하게 된다. 『결혼 시장』의 저자 카르본과 칸(Carbone and Cahn, 2014: 23)은 결혼과 가족은 계층적 표식이 된다고 주장한다. 경제 구조의 변화는 가족에게 영향을 미치는데, 어느 계층에 속하느냐에 따라 과정과 결과가 다르다. 결혼이나 친밀한 관계는 시장에 나온 상품으로 봐야 하며, 관계는 교환의 결과로 발생한다. 물론 관계의 시장은 여타 상품 시장과 비교하면 차이가 있다. 관계 시장은 신뢰를 기반으로 하며, 젠더에 대한 고정관념이 존재하고, 결혼 제도와 같은 사회적 압력이 반영된다. 결혼 시장에서 이루어지는 교환은 다른 인간관계와 마찬가지로 수요와 공급에 따라 결정된다. 확대되는 여성의 노동시장 참여는 이전의 젠더 협상이나 교환의 조건을 변화시

4 낭만적 사랑을 결혼 동기로 여기는 쪽은 주로 여성이다. 1990년대 결혼과 사랑에 관한 연구(박혜경, 1993)를 보면 여성들은 연애결혼이든 중매결혼이든, 오랜 연인과의 이별에 대한 반동으로 한 결혼이든, 결혼 동기에 대한 질문에는 '사랑하니까'로 답했다.

키고, 경제적 불평등이 심화하면서 남녀가 배우자를 찾는 방식이 변하게 된다.

그러나 노동시장 참여와 같은 여성의 변화가 젠더 협상을 변화시키기도 하지만, 낭만적 사랑의 상품화, 즉 로맨스 소비 각본은 젠더 불평등을 은폐한다. 소비자본주의의 확대로 사회 전체가 소비 중심적인 패러다임에 의해 작동하면서 낭만적인 감정도 시장경제 원리에 의해 구성된다. 이러한 현상을 일루즈(Illouz, 1997)는 감정적, 경제적 담론과 실천이 상호 구성되는 감정자본주의emotional capitalism로 명명하고, 감정도 합리화되고, 계량화되고, 측정과 통제를 할 수 있게 된다고 했다. 우리 사회에서도 연애와 결혼 문화가 시장화되고, 연인이나 부부는 상품을 소비함으로써 서로의 감정을 확인한다. 즉 사랑과 결혼이 시장경제에 적극적으로 포섭되고 감정 규범이 소비 행위를 통해 구성되는 것이다. 낭만적 사랑과 결혼은 흔히 순수한 감정으로 여겨지지만, 실제는 시장경제의 교환 논리를 따른다. 연인 간의 선물이나 결혼 예물, 혼수 등이 그 예이다. 이런 경우 구매한 선물은 사랑의 표현이며, 상대를 존중받는 사람으로 느끼게 해준다. 연인으로부터 명품 선물을 받고자 희망하는 여성들의 욕구는 값비싼 선물이 자신의 가치와 상대방의 사랑의 크기를 확인해준다는 믿음에서 비롯된 것이다.

윤영수(2015: 65-80)는 낭만적 사랑과 소비자본주의의 결합이 이중적이고 모순적인 로맨스 소비 각본을 만들었으며, 이는 불평등한 젠더 관계를 지속시키는 결과를 가져온다고 했다. 로맨스 소비가 확대되고 관계 맺음의 방식이 경제적 합리성의 논리를 따르게 될수록 여성은 '주체적이고 합리적인 소비자' 또는 '감정의 주체적 행위자'로 여겨지지만, 남성이 가지고 있는 경제력은 여성에게 비주체적 로맨스 경험을 하게 만든다. 이처럼 여성들은 낭만적 관계 속에서 남성 중심적이며, 따라서 비주체적 감정을 구성하고 소비하는 경험을 하고 있다. 그런데도, 소비를 통해 얻어지는 낭만적 감정은 여성들이 적극적으로 참여하는 소비의 맥락과 비주체적 로맨스 경험을 가리게 한다. 여성들의 내적 갈등은 사랑이라는 이름으로 은폐되며, 자본주의 시장경제의 로맨스 소비와 감정 규범은 불평등한 젠더 관계를 유지하게 한다.

2. 결혼 시장과 계층

후기산업사회 가족의 변화는 계층에 따라 다르다. 2004년 논문에서 결혼의 탈제도화를 주장했던 셜린(Cherlin, 2020)은 이후 최근까지 미국 가족의 변화 양상을 검토한 결과 탈제도화 현상에 계층별 차이가 있음을 확인했다고 말한다. 고졸 이하의 학력을 가진 저소득층에서는 소위 탈제도화 현상을 볼 수 있지만, 대졸 이상의 학력을 가진 중산층에서는 그러한 변화가 나타나지 않았으며, 결혼은 점점 특권이 되어간다는 것이다. 『세습 중산층 사회』의 저자 조귀동(2020)은 한국 사회에서 결혼이나 정상가족은 특권이라고 했다. 최근 젊은 세대에게는 연애나 안정적 결혼생활이 점점 더 어려운 일이 되었으며, 학력이 낮거나 저소득층일수록 결혼율이 낮고 이혼율은 높다.

결혼 시장에서 나타나는 계층적 차이에 관한 기존 연구에서는 소득, 학력, 정규직 여부와 같은 직업 안정성 등이 혼인율이나 결혼 가능성에 미치는 영향을 분석했다. 소득이 높고, 학력이 높고, 정규직이며, 주택을 소유한 남성, 즉 사회 경제적 지위가 높은 남성일수록 결혼할 가능성이 크다. 반면 여성의 경우에는 사회 경제적 지위와 결혼 이행 간의 관계가 복합적인데, 이는 계층과 젠더 규범이 결합되면서 어느 한쪽이 아닌 상호 교차되는 효과가 나타나기 때문이다. 특히 우리 사회에서는 당사자의 자질이나 조건뿐 아니라 부모의 자산이나 배경이 결혼에 영향을 미치고 있다.

우리 사회에서는 비슷한 계층의 남녀가 결혼하는 동질혼이 증가하는 추세이다. 미디어에 자주 소개되는 상류층의 혼맥 지도나 미혼 남녀의 등급을 규정하고 있는 결혼정보회사의 내부 심사기준표는 결혼 시장에서 유사한 조건이 거래되고 있음을 보여주는 것이다. 또한 중산층 부모들은 자녀들이 결혼할 때 집 마련, 사치품 등 혼수 준비에 큰 비용을 지출할 뿐만 아니라 결혼 후에는 다양한 방식으로 경제적 지원을 함으로써 계층적 위치를 공고히 한다. 부모의 자원이 자녀에게 이전되기 때문에 부모의 경제력에 따라 자녀 세대 간에 이질적인 계층 문화를 형성하게 되는데, 이는 다양한 형태로 경제적 불평등 구조가 재생산되고 있음을 보여주는 것이다.

사회 경제적 지위와 결혼

기존 연구나 결혼 통계를 보면 개인의 사회 경제적 지위가 결혼에 미치는 영향은 성별에 따라 차이가 있는데, 이는 전통적 성 역할을 반영하고 있다. 소득이 높고, 학력이 높을수록, 그리고 안정적 직업에 종사하고, 주택을 소유한 남성이 결혼 확률이 높은 것으로 나타났다(박선권, 2020; 유홍준·현성민, 2010; 조귀동, 2020; 주휘종·김민석, 2018). 이는 남성의 경우 결혼 시장에서 생계부양자가 지녀야 할 능력과 안정성이 높게 평가받고 있음을 말해주는 것이다. 2020년 조사 자료[5]에 의하면, 미혼의 젊은 남녀 모두 이상적 배우자의 자질로 성격과 가치관을 가장 중요하게 여기지만, 여성은 남성의 경제력을, 남성은 여성의 외모를 그다음으로 꼽고 있다. 이는 성 역할을 그대로 반영한 것으로 볼 수 있다. 사실 성격과 가치관은 주관적이며 모호한 기준이지만 경제력이나 키, 몸무게 등 외모는 객관화된 지표로 수준을 가늠할 수 있다. 결혼정보회사의 평가표가 그 예이다.

남성의 교육 수준별 혼인율(1천 명당 혼인 건수)을 보면 대졸 이상 남성의 혼인율이 중졸이나 고졸보다 높다. 2015년 20세 이상 대졸 이상 남성이 24.5건으로 가장 높았고, 고졸은 9.8건, 중졸 이하에서는 3.6건이었다. 젊은 연령층은 중장년 세대와 비교해 전반적으로 교육 수준이 높으므로, 20대, 30대 남성에 국한해서 보면 대졸 이상의 혼인율이 가장 높고, 고졸의 혼인율은 대졸 이상에 비해 낮다. 또한 교육 수준이 낮을수록 초혼 나이가 많은 것으로 나타났다.[6] 교육 수준이 낮은 저소득층의 남성에게 결혼은 쉽지 않을 것으로 예상할 수 있는데, 국내 결혼 시장에서 당면한 이들의 어려움은 국제결혼을 통해 다소 해소되었다는 주장이 있다. 레이모와 박현준(Raymo and Park, 2020)은 한국 사

---

5 파이낸셜뉴스, 2020. 12. 29. "남녀불문 배우자 직업 1위는 공무원, 공사직", https://www.fnnews.com/news/202012290930121024.

6 통계청, 「교육 수준별 출생·사망·혼인·이혼 분석: 2000-2015년」, 2017.

회 저학력 남성의 결혼 문제는 국제결혼이 완충해왔다고 한다. 국제결혼의 증가가 저학력 남성들 사이에서 더욱 극적으로 나타날 수 있는 결혼 감소 추세를 막는 역할을 했다는 것이다.

한편 한국노동패널 2015년 자료를 토대로 30대 남녀의 결혼 이행을 분석한 조귀동(2020)은 결혼에 영향을 미치는 요인으로 나이, 학력, 소득, 정규직 여부, 대기업 재직 여부, 주관적 계층 인식을 사용하여 논의한다. 30대 남성의 결혼 이행에 가장 큰 영향을 미치는 요인은 소득과 정규직 여부 등 경제적 조건이었다. 주휘정·김민석(2018)의 연구도 유사한 결과를 보여주는데, 39세 이하 남성의 결혼 확률에 가장 큰 영향을 미치는 것은 종사상 지위와 자가 주택 보유 여부였다. 정규직 남성이 비정규직 남성보다, 집을 보유한 남성이 보유하지 못한 남성보다 결혼 확률이 높았다. 한편 소득도 남성의 결혼 여부에 영향을 미치는데, 20~30대 남성 노동자 중 임금 상위 10%와 하위 10%의 기혼자 비율은 각각 82.5%, 6.9%였으며, 정규직의 기혼자 비율은 비정규직의 2배에 가깝다(김유선, 2016: 11-12). 이처럼 교육 수준, 취업 여부, 직업과 같은 경제적 자원의 영향력이 남성의 경우 결혼에 긍정적으로 작용한다. 남성은 학력이나 직업의 차이가 경제력의 차이로 이어지고 결과적으로 결혼 이행에 영향을 미치는 것으로 볼 수 있다.

한편 여성의 경우 사회 경제적 지위가 결혼에 미치는 영향은 제한적이며 복합적이다. 여성의 경우 학력과 결혼 이행 간의 관계에 대한 분석은 일치된 결과를 보여주지는 않는다. 남성과는 달리 여성은 교육 수준이 높을수록 초혼 나이가 많아진다(박경숙·김영혜·김현숙, 2005; 유홍준·현성민, 2010; 통계청, 2017). 그러나 이와는 다른 연구 결과도 있는

데, 과거 세대와는 달리 최근의 코호트에서 40세 미만 비혼 비율을 보면, 고졸 미만 여성의 비혼 비율이 고졸이나 2년제 대졸 여성들보다 높다(Park, Lee and Jo, 2013). 이는 최근 코호트로 올수록 저학력 여성들의 결혼 가능성이 낮아지는 추세로 해석할 수 있으나, 학력에 따른 결혼율의 차이는 현재로서는 크지 않다. 미국에서는 고학력 여성의 결혼 이행이 저학력에 비해 높게 나타나는데, 이러한 현상은 우리 사회에서는 명확히 나타나고 있지 않다. 한편 여성도 정규직이 결혼 가능성을 높여주며(윤자영, 2012), 소득과 대기업 재직 여부도 어느 정도 결혼에 영향을 미치는 것으로 나타났다(조귀동, 2020: 161).

사회 경제적 지위는 혼인 이행뿐 아니라 비혼 여성들의 결혼 의향이나 계획에도 영향을 미친다. 소득 수준이 높은 화이트칼라 여성은 높은 결혼 의향을 보이지만, 소득 수준이 낮은 블루칼라 여성은 낮은 결혼 의향을 보이는데, 이는 학력이나 경제력과 같은 개인의 자원이 비혼 여성의 결혼 의향에 중요한 변수로 작용하고 있음을 말해준다(김혜영, 2010; 이재경·김보화, 2015). 저소득층 여성은 자신과 원가족의 경제적 불안 등 여러 이유로 결혼에 어려움을 겪게 된다. 비정규직을 전전하는 악순환으로 경제적 불안이 지속되고 결과적으로 결혼이 지연된다(박기남, 2011). 불안정 노동을 지속하고 있는 비혼 여성들은 원가족의 경제력 부재로 자신이 원하는 적당한 배우자를 찾을 수 있는 사회적 관계망에 접근할 수 없고, 따라서 비혼 상태를 단순히 개인의 선택으로 보기 어렵다(권문영, 2012). 결혼 비용, 맞벌이를 해야 하는 상황, 가족의 경제력 등 조건의 문제로 학력이 낮은 저소득층 여성들의 결혼이 비자발적으로 지연되는 현상이 나타나고 있다. 반면 대학 졸업

후 안정된 직장에 취업한 고학력 여성들은 결혼을 빨리 하려는 경향도 보이고 있으나, 실제 결혼 이행에 있어서는 매우 신중하다(Kim, Lee and Park, 2016). 한국 사회에서 전문직이나 대기업 정규직에 종사하는 고학력 여성들의 경우 자신에게 걸맞은 남성과 '완벽한' 결혼을 하고자 고심하며, 결과적으로 결혼을 자발적으로 연기하는 현상이 나타나고 있다. 계봉오·고원태·김영미(2021)는 결혼 시장에서는 사회 경제적 측면에서의 미스매치mismatch보다는 결혼 가치관 등 문화적 영역의 미스매치가 고학력 여성의 결혼 이행을 더디게 한다고 했다. 고학력 여성들은 미래 배우자의 사회 경제적 조건뿐 아니라 문화적 영역에서의 동질성을 중시하는 것으로 해석할 수 있다.

이혼도 계층별로 차이를 보이는데, 특히 교육 수준이 영향을 미친다. 교육 수준과 결혼 안정성은 긍정적인 관계를 맺는데, 이혼은 대졸 이상보다 고졸에서 더 많다(우해봉·장인수, 2017).[7] 미국의 경우 대졸 이상의 학력을 가진 사람들은 안정적인 결혼생활을 원하고, 대졸 미만의 학력을 가진 사람들에게서는 비혼 동거, 이혼 등 소위 탈제도화 현상이 나타난다. 결혼의 제도적 영향력은 저학력층에서는 약화되지만 고학력층에서는 일반적인 현상으로 남아 있을 수 있다. 결혼은 자원이 적은 개인보다 소득과 교육 수준이 높은 개인에게 더 유리할 수 있기 때문이다(Cherlin, 2020). 이러한 계층의 차이는 결혼뿐 아니라 출산

---

7 2015년 20세 이상 남자 전체의 이혼율(1천 명당 이혼 건수)은 5.4건이다. 교육 수준별 이혼율은 고졸이 6.4건으로 가장 높고, 중졸 이하는 5.7건, 대졸 이상은 4.4건이다. 한편 2015년 20세 이상 여자 전체의 이혼율은 5.3건이며, 고졸이 7.5건으로 가장 높고, 대졸 4.4건, 중졸 이하는 3.5건이다(통계청, 2017).

행위에서도 나타난다. 출산율은 전 계층에서 하락하고 있지만, 그 양상은 계층별로 불균등하게 나타나고 있다. 소득이 높은 층은 출산율이 과거와 비교해 다소 상승하고 있지만, 저소득층은 하락하고 있다.[8] 요약하면 우리 사회에서는 계층적 지위가 높은 집단이 저소득층과 비교해 결혼과 출산은 많이 하고, 이혼은 적게 한다.

부모의 자원과 계층 재생산

사회적 불평등과 가족은 긴밀하게 연결되어 있으며, 가족은 불평등을 반영하고 재생산한다. 특히 가족의 배경, 물적 자원, 문화 및 사회자본은 자녀 세대의 선택과 삶의 기회에 영향을 준다(김영란·장혜경·이윤석, 2017: 3). 청년 세대 자녀는 부모와 가족의 계층 배경에 따라 생애 선택의 폭이 달라진다. 예를 들어 취업 준비를 위한 스펙 쌓기, 결혼 비용 및 신혼 주거 마련 등에 있어서 부모의 소득이나 경제력에 따라 성인 자녀의 현실에 차이가 발생한다. 특히 부모의 직업 및 재산은 배우자 선택 시 고려되는 중요 사항 중 하나가 되었으며, 결혼할 때 부모로부터 경제적 도움을 받는 것은 이제 흔한 일이 되어버렸다.[9]

---

8 국민건강보험공단의 '연도별 분만 건수(2007-2018년)' 자료에 의하면, 소득이 높은 부부가 자녀를 출산할 가능성이 크다. 2019년 가장 많이 출산한 소득 구간은 7분위(14.6%)와 8분위(14.1%)였다. 가장 소득이 높은 10분위는 5.3%이고, 9분위는 9.7%였다. 반면 하위 1분위 출산율은 2007년 7.7%에서 2018년 5.0%까지 감소했다. 총 분만 건수에서 저소득층 비중이 축소되고 고소득층에서는 다소 확대되는 경향이 나타난다(박선권, 2019).

9 가족 자원은 청년들의 연애에도 영향을 미친다. 가구 소득이 낮은 청년들은 중산층과 비교해 데이트나 연애에 대해 경제적 부담을 느끼고 있으며, 결혼에 대해서도 부정적

최근 연구에 따르면, 부모나 가족 자원은 성인 자녀의 결혼 이행에 긍정적인 효과가 있을 뿐만 아니라 결혼이 성사되는 데 직·간접적으로 영향을 미친다. 부모의 자산은 자녀의 결혼 이행에 긍정적인 영향을 미치며(권오재, 2017) 경제적 지원을 받을 수 있는 개인과 그렇지 못한 개인 간의 결혼 이행 격차를 보인다(Oh, Lee and Woo, 2020). 부모 자산이 자녀 결혼 시기에 미치는 영향은 결혼 시기의 계층 차이로 귀결될 수 있다. 특히 대도시에서 임금 소득만으로 주택을 마련하기 어려운 여건은 결혼할 때 부모로부터 경제적 지원을 받을 수 있는 계층과 받을 수 없는 계층의 결혼 이행에 영향을 미친다. 집을 보유한 남성이 보유하지 못한 남성보다 결혼 확률이 높다는 연구 결과는 이를 확인해준다(주휘정·김민석, 2018). 최근 서울을 비롯하여 수도권 아파트 가격 폭등을 보면 앞으로 주거 지원을 통해 자산 이전을 받을 수 있는 집단과 그렇지 못한 집단 사이의 계층적 차이는 더욱 심화할 것으로 예측할 수 있다.

한편 딸도 고학력 남성과 결혼할 때 부모 자산이 활용됨으로써 가족 단위에서 계층의 재생산이 이루어진다. 권오재(2017)는 여성은 고졸 이하 배우자와 결혼할 경우와 대졸 이상 배우자와 결혼할 때 각각 영향을 미치는 요인이 다르다고 했다. 대졸 이상의 고학력 배우자와 결혼할 경우 부모의 자산이 많을수록 결혼할 확률이 높아지지만, 고졸 이하의 저학력 배우자와 결혼할 경우 부모 자산은 결혼할 확률에 영향을 미치지 못했다. 반대로 여성의 임금 소득은 대졸 이상 배우자와

태도를 보인다(김영미, 2016; 한겨레경제사회연구원, 2015).

결혼할 경우 영향을 미치지 못하고,[10] 고졸 이하 배우자와 결혼할 때 유의미한 관계가 있다. 이처럼 부모의 자원은 자녀의 결혼 가능성뿐만 아니라 더 나은 배우자와 결혼할 가능성을 높여준다. 중간 계층의 부모는 자녀의 결혼 비용과 주택 마련 등의 재정적 지원을 통해 이들이 중간 계층으로 정착할 수 있는 기반을 마련해줌으로써 계층적 위치의 세대간 재생산이 이루어지는 것이다(이재경, 2003: 96).

한편 부모의 경제적 지원 내용은 젠더 규범을 반영한다. 김영란·장혜경·이윤석(2017)의 연구 결과에 의하면, 부모의 직접 지원은 중산층의 경우 주로 결혼 비용과 신혼집 지원으로 이루어진다. 딸과 아들 모두 지원받지만, 여성은 결혼 비용, 남성은 신혼집 지원을 받는 비율이 높다. 기존의 성 역할 분리가 부모의 결혼 지원에서도 나타나는 것이다. 결혼 비용을 지원받은 비율을 보면 여성 75.5%, 남성 68.3%로, 남성보다 여성이 높다. 한편 신혼집 마련 지원을 받은 비율은 여성 24.3%, 남성 70.5%로 남성이 지원받은 비율이 높다. 이런 경우 대체로 남성이 부동산의 소유권을 갖게 될 것이고, 여성은 신혼 가구 등 소비재를 준비하게 된다. 이는 결혼 시작부터 성 역할에 따라 자원의 불평등한 배분이 이루어지고 있음을 보여주는 것이다.

우리 사회의 높은 결혼 비용은 결혼 적령기의 자녀가 부모의 경제적 자원에 의존하는 것을 당연시하게 만든다. 결혼을 통해 부모 세대

10 여성의 경우 고학력이라 하더라도 전문직이 아닌 경우 출산·양육기에 경력 단절을 경험하고 이후 하향 재취업하는 경우가 흔하므로 결혼 전 임금 수준이 결혼 시장에서 제대로 평가받지 못하는 것으로 볼 수 있다. 물론 고학력 남성 배우자의 소득이 저학력 남성보다 높은 것도 이유가 된다.

의 자산이 자녀 세대로 상속되고, 결혼 산업으로 인해 소비가 빠르게 늘어난다. 중상 계층의 경우에는 결혼을 통해 부동산 등이 상속되는 부의 세습이 일어나기도 한다. 신혼집도 재테크의 의미가 될 수 있으며, 혼수와 예물 모두 상속의 의미가 내재해 있다. 이러한 현상을 이영자(2008)는 자본주의적 투자의 성격이 강한 '혼테크'로 명명하며, 재테크가 재산을 늘리는 기술이라면 혼테크는 결혼을 재테크의 수단으로 삼는 것이라고 했다. 또한 결혼은 인생 최대의 비즈니스이자, 가부장제와 자본주의가 적극적으로 공모하는 장이라고 주장했다.[11]

3. 계층화된 결혼의 의미: 20~30대 여성의 사례[12]

청년 세대의 결혼 지연과 저출산은 사회적 쟁점이 되었다. 이러한 현상은 개인화의 추세로 일부 설명되지만, 취업의 어려움 등 경제적 불안정이 결혼과 출산에 많은 영향을 미친다는 논의가 설득력을 얻어왔다. 그러나 청년 세대는 균일한 집단이 아니며, 이들이 경험하는 경제적 불안정과 삶에 미치는 영향력은 당사자와 부모의 사회 경제적 지위와 자원에 따라 각기 다른 방식으로 구성된다. 한국 사회에서는 지난 수십 년간 경제 성장과 함께 계층의 양극화가 심화되어왔다.

11 결혼할 때 양가 가족에게 주는 선물 등이 현금으로 교환되는 경우가 흔하다. 마음에 맞는 물품을 직접 구매하게 하는 의도라고 정당화하지만 과한 금액이나 현금이라는 교환의 방식, 신부 측과 신랑 측의 금액 불균형 등은 결혼 시장에서 가부장제와 자본주의가 공모하는 현상으로 보아도 지나치지 않을 것이다.

12 이 절은 이재경 · 김보화(2015)의 일부를 발췌 · 보완했다.

이런 과정에서 부모의 자원이 자녀 세대에게 이전되고 이질적인 계층 문화를 형성하게 되었으며, 이는 다양한 형태로 결혼에 대한 인식과 의미에 영향을 미쳐왔다. 취업난 등 경제적 불안정성이 청년 세대에게 균등한 영향력을 미쳐 결혼 지연 및 저출산의 원인이 된다는 분석은 세대 내 동일성을 전제하고 청년 세대 내부의 차이, 계층에 따른 차이를 드러내기 어렵게 한다. 특히 여성들의 경우 학력, 소득, 직업 등 본인의 조건이 결혼 이행에 미치는 영향이 남성들과 달리 복합적으로 나타나며, 부모의 계층적 지위도 중요한 변수가 된다. 이 절에서는 계층화된 결혼 현상을 20대, 30대 비혼 여성을 중심으로 논의하고자 한다. 학력, 소득, 직업 등 어떤 사회 경제적 요인이 결혼에 영향을 미치는가를 밝히고자 하는 것은 아니며, 젊은 비혼 여성들에게 결혼의 의미가 무엇이고, 결혼에 대한 기대나 욕망이 계층에 따라 어떻게 나타나는지를 심층면접 자료를 토대로 분석하고자 한다.

연구 참여자는 20~30대 22명의 비혼 여성들이다. 심층면접은 2013~2014년에 걸쳐 진행되었다. 계층에 초점을 맞추어 여성들의 결혼 기대와 욕망을 분석하기 위해, 계층 지위를 유지하고 재생산하는 중요한 사회 경제적 자원 중 하나인 학력을 중심으로 세 개의 그룹으로 구분했다. <그룹 1>은 '서울 소재 4년제 주요 대학 졸업자이자 현재 전문직, 대기업 등 근무자', <그룹 2>는 '지방대, 수도권대, 2년제 대학 졸업자', <그룹 3>은 '고졸(혹은 그 이하)'이다.[13]

13 대학 진학률이 높은 우리 사회에서는 4년제 대학 졸업자라도 서울 주요 대학 졸업자인지, 지방 대학 졸업자인지에 따라 취업 기회 및 결혼 시장에서 현실적인 차별이 존재한다. 학력에 따른 집단 간의 차이를 강조하거나, 같은 학력 집단을 동질화하거나,

사례 여성들은 본인이나 배우자의 교육 수준이나 직업뿐만 아니라 원가족의 경제적 배경의 차이가 결혼 이후의 삶을 결정한다고 믿는 경향이 있었다. 그들이 기대하는 결혼생활은 학력 수준별로 다르게 나타났다. 젊은 여성들은 결혼을 통해 정서적, 경제적으로 안정된 삶을 얻고자 하는데, 이때 고학력 중산층 여성들은 상대적으로 높은 수입과 부모의 경제적 지원을 통해 안정적 미래를 기대한다. 반면 저학력이거나 저소득층 여성들은 불안정한 미래를 우려했다. 대부분 고학력 여성들은 주변에 결혼한 지인들을 보면서 '더 안정되어' 보이고 '더 행복해 보인다'고 생각하는 반면, 저학력 저소득층 여성들은 결혼한 주변 친구들을 보면서 '불행해 보인다'라고 인식하는 경향이 있었다. 이는 미래 결혼에 대한 기대가 계층적으로 재생산되고 있음을 의미하는데, 주변의 친구나 지인들은 사례 여성들과 유사한 사회 경제적 배경을 가지고 있을 것으로 짐작할 수 있기 때문이다.

한편 고학력 여성들은 경제적 능력, 잠재력, 학력 등 보상이 돌아올 수 있는 배우자를 원했고, 결혼의 결정에 있어 부모에 대한 의존[14]이 크게 드러났다. 반면 저학력 여성들은 비슷한 배경의 사람을 만나 예

또한 모든 문제를 개인적 차이로 환원하려는 것은 아니다. 대학이 서열화되어 있는 사회에서 학력이 의미하는 사회 경제적 배경을 강조하고, 여성들의 삶과 결혼에 대한 의미가 어떤 맥락에서 차이와 유사성을 보여주는지를 구체적으로 분석하고자 했다. 사례 여성들의 이름은 가명이며, 사회 경제적 특성은 이재경 · 김보화(2015: 53-55)를 참고할 것.

14 리서치 전문 기관인 마크로밀 엠브레인Macromill Embrain(2015)의 「결혼식 관련 조사」에서 '부모님의 반대를 무릅쓰는 결혼은 하지 않을 생각이다'라는 진술에 대한 남성의 동의 비율은 27.8%이지만 여성은 54%에 이른다. 이는 남성보다 여성이 결혼 선택에서 부모의 영향을 많이 받고 있음을 보여주는 것이다.

속되지 않고, 부모와도 독립적으로 살기를 원하는 경향이 있었다. 이들은 성장 과정에서나 성인이 된 후에 부모로부터 경제적, 정서적 지원을 받지 못했고, 때로는 부모를 지원해야 하는 상황을 가정하면 독립이 제일 나은 선택이 된다. 중산층의 결혼은 부모와 당사자가 모두 참여하는 기획된 가족 프로젝트의 성격을 띠었고, 저소득층의 결혼은 불안정한 독립의 특징을 보인다(Kim, Lee and Park, 2016).

고학력 중산층: 기획된 가족 프로젝트

사회가 개인화되어가고 가부장적 가족이 약화된다고 하지만 중간계층의 결혼은 여전히 두 가족의 결합으로 인식되고 있으며, 다양한 항목의 체크리스트를 포함하는, 기획된 '가족 프로젝트family project'로서의 성격이 강했다. 부모의 허락, 경제적 지원, 시부모의 경제력과 원만한 부부 관계 등은 결혼이 두 남녀의 결합만이 아님을 의미한다. 현재 한국 사회에서 이혼율이 높아지고 있기는 하지만, 비혼 상태인 여성들은 평생 배우자와 결혼하는 것으로 생각하며, 그래서 구체적 조건과 정교한 전략을 생각하는데, 이는 부모들도 마찬가지이다.

> 저희 엄마 아빠 로망이 이제 딸이랑 사위랑 두 분 같이 (골프) 라운딩 나가시는 게 로망, 항상 예전부터 그런 얘길 되게 많이 하셨거든요. 아니면은 사돈댁이랑 가던지. 그게 약간 여러 가지를 내포하고 있는 로망인 것 같은데, 사회적 지위, 그런 경제적으로 어느 정도 해야 되고, 이제 뭐 화목해야 되고, 결혼도 해야 되고, 뭐 이런 걸 되

게 함축…(김영진, 의사 <그룹 1>).

> 집안이 화목한 가정에서 자랐어야 바른 가치관이 형성됐을 것 같고, 그런 면에서 중요할 것 같고… 결혼은 집안의 M&A인데… 두 집안 간의 만남이라는 얘기를 많이 하잖아요. 내가 이 집안에 속해진 사람이고, 이 사람의 배경에 내가 들어가고, 이 사람도 내가 가진 배경 속에 들어오는 거고…(이정원, 공기업 근무 <그룹 1>).

중산층인 두 여성은 배우자뿐 아니라 배우자의 부모, 집안, 금슬, 경제력 등을 고려사항으로 보는데, 이들에게 결혼은 남녀의 개별적 만남이 아니기 때문에 시부모의 경제력이나 사회적 배경이 중시된다. 대학병원 펠로우인 김영진 어머니의 로망은 사돈 부부와 골프 라운딩 나가는 것인데, 이는 미래 사돈 집안의 '사회적, 경제적 지위, 화목도' 등의 수준을 알 수 있는 지표이다. 이정원 역시 결혼할 상대 집안의 사회 경제적 위치를 중요하게 인식한다. 아버지는 대기업에 근무하고, 00공사에서 일하는 이정원은 결혼은 '집안의 M&A'로서, 서로가 가진 배경 속에 들어오는 것이기 때문에 그만큼 개인적으로 가볍게 생각할 수 있는 문제가 아니라면서 서로의 집안이 중요함을 설명한다. 서울 강남에 거주하는 중산층 가족 출신이며, 수도권 대학을 졸업한 <그룹 2>의 이정희는 강남에 사는 것만으로도 결혼 조건에 '플러스'가 되기 때문에 부모님이 딸의 결혼을 위해 지방으로의 이주를 미루고 있다고 했다. 서울 강남에 살면서 보다 좋은 조건을 가진 배우자와의 결혼을 염두에 둔 것이다.

이 말도 엄마가 자주해… 아유, 니가 빨리 결혼을 해야 좀 넓은 지방으로 나갈 텐데 그러는 거야. 왜? 그랬더니 너 결혼할 때 대치동 산다는 게 큰 플러스가 되니까 너 결혼할 때까지는 대치동 못 떠난다고…(이정희, 논술학원 시간강사 <그룹 2>).

저학력 저소득층: 불안정한 독립

고졸 이하 학력을 가진 저소득층 여성에게 있어 결혼은 '독립'과 '불안한 미래'가 결합된 '불안정한 독립precarious independence'을 의미한다. 부모에서 자신까지 세대로 이어진 경제적 불안정이 결혼 이후에도 지속될 것에 대해 우려하고 있지만, 부모에게 받을 것이 없는 만큼 결혼 선택에 있어 좀 더 주체적이고 자유로운 태도를 보인다. 또한 부모들도 중산층과는 달리 딸의 결혼에 개입하지 않는 태도를 보일 뿐 아니라 굳이 결혼을 권하지도 않는다.

경제적인 거에서는 남자 자체가 능력이 있어서 경제 능력이 있다 그러면, 뭐 고마운 건데, 없는데 그 남자의 부모한테서 받아오는 건 정말 별로예요. 왜냐면은 그만큼 나중에 시댁 부모님들도 바랄 거고 저는 차라리 안 받고 안 해주고 이런 쪽에 더 가까운 것 같아요. 그러니까 저도 그렇고 남자도 그렇고 결혼을 한다면 양쪽 집에서 독립을 하고 싶어요. 그러니까 독립된 어른처럼… 그거(경제적 지원)를 집에서 받아오면서 이제 좀 마음의 짐으로 갖고 있고 싶지는 않고요 (박현아, 화장품숍 매니저 <그룹 3>).

> (질문: 집에서는 결혼하란 소리 안 하세요?) 네… (중략) … 결혼 굳이 안 해도 된다. 엄마가 결혼하면서 고생하고 그런 게 있다 보니까, 내 딸은 고생 안 했으면 좋겠다는 마음에, 너도 골드 미스가 돼라. 니가 골드미스가 되면 결혼 안 하고, 너 혼자 인생 즐기면서 살 수 있다, 이거지… 니 능력을 키워라(박자현, 화장품 판매직원 <그룹 3>).

박현아가 생각하는 결혼은 안 받고 안 해줘도 되는, 간섭받지 않는 독립인데, 이는 풍족한 결혼 준비를 하기 어려운 본인의 위치가 투사된 것으로 볼 수 있다. 박자현은 아버지의 사업 실패 이후로 경제적으로 매우 힘들게 살아왔는데, 어머니의 이런 경험은 딸에게 결혼은 "고생"하는 것이며, 그래서 결혼 대신 본인의 "능력을 키우는 것"으로 전달된다. 실제로 박자현은 결혼에 대해 부정적인 편이었으며, 본인의 능력을 키우는 것이 중요함을 여러 차례 강조했는데, 결혼을 고생으로 생각하는 어머니의 영향이 적지 않을 것으로 보인다.

주목할 점은 <그룹 3>의 여성들의 서술에는 '독립', '성인' 등에 대한 언급이 상대적으로 많은데, 여기에서 독립은 부모로부터의 경제적, 정서적인 독립을 모두 의미한다. 반면에 <그룹 1>의 경우 '독립'이라는 단어가 언급되지 않는 경우가 대부분이었고,[15] 독립보다는 '안정감'이 더 중요하게 언급되었다. 이를 통해 알 수 있는 것은 <그룹 1>

15 <그룹 1>의 최은숙에 따르면, 결혼은 "부모님 밑에서 이렇게 철부지처럼 계속 보호받으면서 살다가 이제 독립을 해서 내가 꾸려가는" 것으로 표현되는데 <그룹 3>의 연구 참여자들이 언급하는 포괄적인 독립의 의미들보다는 정서적 측면이 더 강조되고 있다.

의 여성들이 기대하는 결혼은 부모의 자원이 이전되는 안정적 결혼이고, <그룹 3>의 여성들에게 결혼은 본인과 배우자가 '독립적'으로 만들어나가는 것으로 계획된다는 점이다. 부모들은 중산층과는 달리 딸의 결혼에 개입하지 않는 태도를 보일 뿐 아니라 굳이 결혼을 권하지 않기도 한다. 고학력 중산층 여성들에게 결혼은 기획된 가족 프로젝트의 성격이 강하다면, 저학력 저소득층 여성들은 경제적으로는 불안정하더라도 결혼을 주체적으로 만들어가려는 것으로 평가할 수 있다. 여기서 주체적 독립의 의미는 1장에서 언급한 '강제적 개인화'의 상황과 유사한 맥락으로도 볼 수 있다. 판매 서비스직과 같이 고용이 불안정한 직종에 종사하는 이들의 독립은 비자발적 선택이자 불안한 미래가 될 수 있는 것이다.

학력과 계층의 상호 교차

위 두 그룹의 사례를 통해서 이질적인 계층 문화가 다양한 형태로 결혼에 대한 인식과 의미에 영향을 미치고 있음을 알 수 있다. 고학력은 안정적이고 저학력은 불안정한 경향을 보였지만, 고학력이라고 해서 모두 안정적이거나 저학력이라고 해서 모두 불안정하다고 말할 수만은 없다. 고학력은 부모에 대한 의존도가 높으므로 오히려 본인의 삶의 계획에 수동적이고, 저학력은 부모로부터 독립적이기 때문에 주체적으로 본인의 삶을 설계하면서 다양한 현실 전략을 모색하게 된다. 기존 연구에서 부모의 직업이나 경제력이 자녀의 결혼 이행에 어느 정도 영향을 미치고 있음을 보았다. 남성은 대체로 본인의 직업, 학력,

소득 등이 결혼에 긍정적 영향을 미치지만, 여성의 경우에는 학력이나 직업이 결혼 이행에 큰 영향을 미치지 않는다. 이는 단순히 여성의 계층적 변수가 효과가 없는 것이 아니라 학력과 결혼 이행 간의 관계가 남성과 달리 간접적이고 복합적이라는 의미이다.

여성의 학력과 부모의 계층 배경이 상호 결합하는 경향이 있는데, 연구 사례에서도 이러한 현상을 볼 수 있다. 학력을 통해 개인의 경험, 가족의 사회 경제적 배경, 직업과 소득의 정도 등을 예측할 수 있지만, 이들이 일치하지 않는 경우도 있다. 고졸의 <그룹 3>의 손다진은 학력이 낮고 음식점 아르바이트라는 불안정한 직업군에 속해 있음에도, 원가족의 사회 경제적 배경이 여유로워서 같은 그룹의 다른 여성들보다 높은 지위의 남성을 결혼 상대자로 기대한다.

> (질문: 결혼에 대해서 어떻게 생각하세요?) 1번은 솔직히 일을 하기 싫어서요. 호호. 2번은 안정적인 생활을 하고 싶어서. 일단 가정이 있는 거랑 없는 거랑 마음가짐이 달라지니까. 그리고 남들 다 하는데 나도 하고 싶은 생각이 들고… 그리고 저는 소개시켜주는 사람들 다 대졸이고 하니까 제가 기분이 좀… 대학, 그, 그냥 듣보잡 대학 나왔다고 뻥을 치긴 하는데, 항상 조마조마해요. 언젠가는 들킬 것 같고, 그리고 학벌이 너무 심하게 차이 나는 사람은 부담되고…(손다진, 음식점 아르바이트 <그룹 3>).

<그룹 2>의 박혜연과 이정희는 <그룹 1>의 사례 여성들과 부모의 계층적 배경이 비슷하지만, 자신이 부모의 계층적 지위를 재생산하지

못할 수도 있다는 압박감을 느끼면서 대학원 진학, 편입 등을 통해 부족한 학력을 보완하고, 직업적 안정과 결혼을 위한 스펙을 준비한다. 또한 자신보다 학력이 높은 수준의 배우자를 기대함으로써 부모의 지위를 유지하고자 하며, 부모도 자신들의 경제력으로 결혼 시장에서 딸의 경쟁력을 높일 수 있다고 생각한다. 아버지가 주요 언론사에 재직했던 박혜연은 결혼하고 싶은 남자친구의 집안 형편이 어려워서 고민이 많았는데, 박혜연의 부모에게 사윗감의 기준은 서울 주요 대학을 졸업하고 대기업에 취직한 "(친)오빠 같은 사람"이었다.

> 그러니까 저희 오빠 얘기를 하자면. 저희 오빠는 좀… 이렇게 공부도 되게 열심히 했고, 직장도 괜찮은 데 다니고, 집도 있어요. 근데 그런 오빠 같은 남자를 만나기를 원하시는데, 사실 그거는 확률적으로 어려운 일이라고 제가 계속 얘기를 하고 있거든요. 그리고 오빠 같은 사람을 만났으면 좋겠다 라고 얘기를 하는데, 그런 사람 세상에 없다, 오빠 혼자뿐이라고…(박혜연, 병원 행정비서 <그룹 2>).

한편 소득이 높은 감정평가사 아버지를 둔 논술학원 시간강사인 <그룹 2>의 이정희는 자신의 어머니가 바라는 사위의 기준에 대해서 말했다. 어머니가 원하는 사위의 조건은 최소 "서울 소재 4년제 대학을 졸업"하고, "성품 좋은 부모님이 모두 생존"해 있는, "키 175cm 이상"의 남성이다. 이정희의 어머니는 사위의 외모(키), 학벌뿐 아니라 사돈의 조건으로 성품이 좋은, 다시 말해 배우고 교양 있는 자신들과 걸맞은 사람이어야 함을 강조한다. 박혜연과 이정희는 결혼에 대한 부모의 영향을 인정하면서도 부담스러워하는 양가 감정을 가지고 있다. 반면 <그룹 1>의 경우는 부모의 의견과 크게 배치되는 인식이나 계획 자체가 적다. 이는 부모의 지지 속에서 부모가 원하는 대학과 직업군에 진입한 여성들의 경험과 그렇지 않은 여성들의 경험에 따라 미래 계획, 즉 결혼에 대한 기대와 전망에 차이가 나타나는 것으로 볼 수 있다.

이처럼 학력 집단이나 가족 계층에 따라 비혼 여성의 결혼에 관한 생각이나 계획에는 차이가 있다. 고학력이며 중산층 배경을 가진 여성들의 결혼은 '기획된 가족 프로젝트', 저학력이며 저소득층 배경을 가진 여성들의 결혼은 '불안정한 독립'으로 특징지을 수 있다. 부모로부터 경제적 지원을 받는 고학력 여성들과 달리 저학력 여성들은 오히려 부모에게 경제적 도움을 주어왔고, 미래에도 받을 자원이 없기 때문에 정서적으로도 더 주체적으로 삶을 이어올 수 있었으며, 결혼에 대한 인식 역시 독립적으로 구성하는 것으로 보인다. 고학력 비혼 여성들은 결혼을 통한 독립을 꿈꾸지만 그러한 독립을 위해서는 신혼집이나 결혼 비용 등에 있어서 부모의 지원이 뒷받침되어야 하는 모순적인 상황에 있으며, 따라서 부모에 대한 의존성이 높아지고 성인됨이 지연되고 있다(Kim, Lee and Park, 2016). 이는 연구 과정에서도 드러나는데 고학력의 경우 굳이 묻지 않아도 결혼에 관한 이야기에 부모가 자주 등장하는 반면, 저학력의 경우 먼저 묻기 전에는 말하지 않는 경우가 많았다.

최근 결혼이 지연되거나 비혼이 증가하는 추세를 성별 분업이 전제된 가부장적 결혼 제도가 약화하고, 젊은 여성들이 결혼에 대해 자유로운 것으로 해석하기도 한다. 그러나 과거처럼 절대적인 의미인 것은 아니지만 현재의 젊은 여성들에게도 결혼은 인생에서 매우 중요한 의미를 지닌다. 과거에 여자는 반드시 결혼해야 하고, '여자는 남자를 잘 만나야 팔자가 좋아진다'고 했지만, 결혼 적령기라는 현실에서 조건이 비슷한 상대와 몇 번 만나고 결혼하기도 했다. 즉 결혼을 위해 정교한 계획이나 장기간의 노력이나 투자를 하지는 않았다고 볼 수 있다. 지금은 결혼이 늦어지고, 하지 않는 사람들도 늘어나고, 이혼율도 증가하면서 여성들이 결혼에 전적으로 매달리지 않는 것처럼 보인다. 그러나 결혼 지연이나 비혼은 학력 계층에 따라 차이가 있다. 고학력 중산층 여성의 경우 완벽한 결혼과 완벽한 삶에 대한 기대가 결혼 지연과 관련이 있어 보이고, 낮은 학력의 저소득층은 본인뿐 아니라 주변 남성들의 열악한 경제적 자원으로 인해 결혼을 망설이게 된다. 이처럼 결혼이라는 행위가 단순히 선택의 문제라기보다 여성들이 처한 구체적인 직업, 가족 배경, 연애 경험과 학력 등에 따라 다르게 의미화되며, 그에 따라 결혼의 이행에 있어서도 각기 다른 전략을 구사하고 있다.

5장

젠더 질서의 균열과 갈등

여성의 노동시장 참여가 증가하면서 가족 임금family wage[1]을 토대로 한 근대 젠더 질서에 균열이 발생하고 있다. 남성 생계부양자male breadwinner와 여성 돌봄제공자female caregiver로 분리된 성별 분업과 이를 토대로 한 정상(핵)가족은 규범적 지배력을 잃고 있다. 그러나 여성

1 가족임금제는 남성을 생계부양자로 가정하고, 남성에게 가족 전체의 생계를 위한 임금을 지불하는(또는 지불해야 한다는) 제도이다. 가족임금제로 인해 남성은 가족의 생계를 위해 가족 임금을 벌어야 하는 생계부양자로 여겨지고, 여성은 가사와 육아의 일차적 책임을 지는 돌봄제공자로 여겨진다. 가족임금제는 남성 생계부양자를 중심으로 하는 가부장적 가족의 물적 토대로 기능하면서 공사 이분법과 성별 분업, 여성의 2차 노동자화와 저임금, 성별 직종 및 직급 분리 및 성별 임금 격차를 정당화하는 데 사용되었다(이재경 · 조영미 · 민가영 · 박홍주 · 이박혜경 · 이은아, 2007: 325).

과 남성, 가족과 노동시장의 변화 속도의 차이는 젠더 체계의 근본적인 성찰과 해체를 어렵게 한다. 동아시아와 서구 선진 국가에서는 여성의 노동시장 참여가 증가하고 남성의 가사 및 양육 노동 참여도 다소 늘어나는 추세이기는 하나 여성의 요구나 사회적 기대에는 미치지 못하고 있다(Treas, 2010). 평등을 위한 각종 제도나 정책, 그리고 페미니스트 운동에도 불구하고 가족 내에서 성별 분업이 지속되고 있는 현실은 미완의 혁명(Gerson, 2010) 또는 지연된 혁명(Hochshild, 1989)으로 표현된다.

핵가족을 조직하는 주요 축은 젠더와 세대이며, 두 축을 중심으로 역할 분담과 권력을 포함한 자원의 배분이 이루어진다. 특히 젠더는 근대 핵가족을 조직하는 핵심적인 요소이다. 성별에 따른 역할 분담, 성별 사회화, 성적인 행위, 성 정체성이나 심리적 지향 등은 가족을 통해 재생산되고 또한 가족을 조직한다(Risman, 1998). 즉 가족 안에서, 그리고 가족을 통해서 남녀의 차이와 위계는 지속해서 생산되고 재생산되는 것이다. 근대 젠더 질서는 산업화 이후 생산 기능이 가족 공동체에서 분리되어 사회 제도의 영역으로 이전되면서 확립되었다. 이 과정에서 가정중심성과 산업경제가 제도화되었고, 여성은 돌봄제공자로, 남성은 생계부양자와 이상적 노동자ideal worker[2]로 정체화되기 시작

2 이상적 노동자 규범ideal worker norm은 임신 및 출산하지 않는 남성의 몸을 가진 사람과 생계 노동으로 돌봄을 수행할 시간이 없는 또는 돌봄 노동에서 면제되는 남성의 생활 방식을 기준으로 설계되었다. 즉 전일제 근무(때로는 초과 근무), 필요한 경우 근무지역 재배치(전근), 자유로운 업무상 출장 등이 포함되며, 돌봄이나 가사의 책임에서 면제됨을 의미한다. 이렇게 기대되는 근무 형태는 직업에 대한 헌신으로 여겨지며 돌봄의 책임이 있는 여성들에게는 불리하게 작용하고 직장에서의 성별 불평등을 강화시킨다(Williams, 2010: 129).

했다. 산업사회 일과 가족의 공간 분리와 작동 방식은 가정중심성과 이상적 노동자라는 두 개의 축을 토대로 한 것이다.

이 장에서는 가족 내 젠더 질서의 변화를 여성의 노동시장 참여를 중심으로 설명한다. 성별 분업의 변화는 기존의 젠더 체계에 도전이 되고 있지만, 가정중심성과 이상적 노동자 규범으로 인해 가족과 노동시장의 변화는 불균등하게 나타나고 있다. 여성이 노동시장에 참여할 때는 임금이라는 강력한 인센티브가 있지만, 남성이 가사나 육아에 참여할 때는 동기를 부여할 유인책이 거의 없다. 집안일이나 육아에 대한 낮은 평가는 남성을 가족으로 끌어오지 못하며, 대부분의 사람들은 전형적인 성 역할에서 벗어나지 못한다(England, 2010). 이 장에서는 여성의 노동시장 참여가 젠더 질서에 어떤 변화를 가져오는지 현황을 중심으로 검토하고, 여성 취업 증가로 인한 일·가족 갈등의 현실을 분석하고, 갈등을 조정하는 젠더 협상을 논의한다. 마지막으로 가족과 노동의 경계를 넘어서는 제도적 방안을 모색한다.

1. 일하는 아내·어머니

페미니스트 학자들은 성 역할 또는 성별 분업이 불평등한 가부장제의 핵심적 요소이며, 가족이라는 사적 영역에서의 여성의 낮은 지위뿐 아니라 노동시장, 정치, 문화 등 공적 영역에서의 여성의 주변화된 지위와 관련된다고 주장해왔다. 남성에게는 생산 노동의 책임을, 여성에게는 가사 노동과 돌봄 노동의 책임을 일차적으로 부여하는 성별 분업은 사회적 자원의 불공평한 분배와 불평등한 권력관계를 정당화하고 재생산하면서 가부장적 사회관계를 지속시키는 이념적, 문화적 체계이다(이재경, 2003: 48-51). 19세기 이후 근대화, 산업화의 급속한 진전이 이루어지면서 생산 영역으로서의 노동과 비생산 영역으로서의 가정이 분리되고, 공·사 성별 분리 및 가족 내 성 역할이 확립되었으며, 생계부양자 남성을 이상적 노동자로 상정하는 남성 중심적 사회질서와 노동시장 규범이 형성되었다. 그러나 20세기 후반 신자유주의 시장경제의 확산은 비정규직 증가 등 고용 안정성의 약화, 소비 확대에 따른 가족 경제의 필요, 소득 수준의 상승 등 노동시장 및 경제 구조 변화를 가져왔으며, 여성 취업의 증가는 근대 가정중심성과 이상적 노동자 이념에 도전이 되고 있다.

후기산업사회 젠더 질서의 변화는 임금노동자 여성의 부상과 생계부양자 남성의 쇠퇴로 특징지을 수 있는데, 이는 지난 30여 년간 여성의 노동시장 참여와 맞벌이 가구 증가 추세를 통해 알 수 있다. 산업화 이후 여성의 경제활동참가율은 꾸준히 증가했으며, 기혼 여성의 노동시장 참여도 점차 활발해지고 있다. 15세 이상 여성의 경제활동참가율은 1990년 47.0%에서 2000년 48.8%, 2010년 49.6%, 2019년 53.5%로 꾸준히 증가했다. 기혼 여성에 한정해서 보면, 경제활동참가율은 1990년 46.8%에서 2000년 49.0%, 2010년 49.3%, 2019년 52.8%로 증가했다.[3] 한편 여성의 연령대별 경제 활동 참여 양상도 변화하고 있는데, 본격적으로 경제 활동을 하는 연령대인 25~59세 여성의 참가

3 한국여성정책연구원, 『한국의 성인지 통계』, 해당년도.

율을 보면, 1990년에 가장 취업률이 낮은 집단은 25~29세(42.6%)였던 것에 반해 2000년과 2010년에는 30~34세(48.9%, 54.8%), 2019년에 가장 낮은 취업률을 나타낸 연령대는 35~39세(61.7%)이다.

지난 30여 년간 경제활동참가율 변화를 보면 전체적으로 여성의 고용이 증가했고, 결혼, 출산, 양육을 위해 노동시장을 이탈하는 여성의 비율이 감소하고 있으며, 시기도 늦춰지고[4] 있음을 알 수 있다. OECD 국가 중 G5(영국, 독일, 프랑스, 일본, 미국) 평균과 비교해보면 결혼, 출산 양육 시기에 노동시장을 떠나는 비율이 높다. 소위 M자형 경제 활동 곡선을 보면 G5 국가 평균은 전 연령대에서 참여율이 크게 다르지 않은데, 한국의 경우는 과거와 비교해 30~34세 여성들의 노동시장 이탈이 둔화했지만, 여전히 M자형 경제 활동 곡선의 형태를 보인다(<그림 5-1> 참조>).

한편 기혼 여성의 고용률 변화 추세에서 몇 가지 특징을 볼 수 있다. 2000년 이후 40~59세 연령대 여성들의 경제활동참가율이 25~39세 여성들보다 높고, 2019년 기준 25~59세 기혼 여성들의 경제활동참가율도 60% 이상으로 나타나고 있다.[5] 결혼, 출산, 육아로 인해 경제활동을 중단한 여성들이 이후 노동시장으로 재진입하는 비율이 높고, 기혼 여성들도 과거와 달리 가족과 일을 병행하려는 경향이 있다는 점에서, 경제 활동 참여에 대한 여성들의 높은 열망과 실천을 볼 수 있다. 이는 남성 생계부양자 여성 돌봄자라는 근대적 젠더 체계에 긴장을 초래하게 된다.

---

4 노동시장 이탈 시기 연령대가 높아지는 것은 만혼과 출산 지연 추세와 관련이 있다.

5 한국여성정책연구원, 『한국의 성인지 통계』, 해당년도.

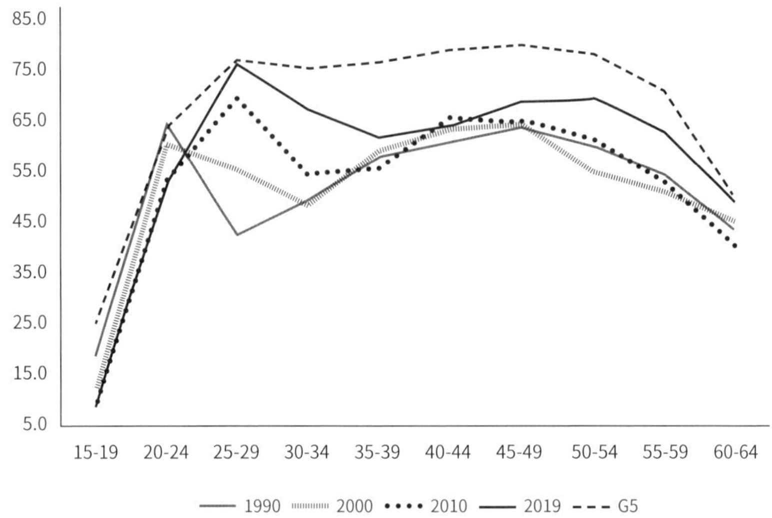

<그림 5-1> 연령대별 여성 경제활동참가율, 한국(1990~2019) 및 G5 평균(2019)

주: OECD 국가 중 G5는 영국, 독일, 프랑스, 일본, 미국이다.
자료: 한국경제연구원 보도자료. 2021. 3. 18. "35~39세 여성고용률, 韓 59.9% vs. G5 76.5%… 16.6%p 격차", 한국여성정책연구원, 『한국의 성인지 통계』, 해당년도.

성별 분업의 변화는 맞벌이 가구의 증가 추세를 보면 더 구체적으로 확인할 수 있다. 맞벌이란 남편과 아내 모두가 가족 부양에 참여하는 이인 생계 부양dual breadwinner을 의미한다. 전체 유배우 가구 중 맞벌이 가구 비율은 1995년 33.4%, 2005년 35.2%, 2019년 46.0%로 나타났다.[6] 연령대별로는 40대(54.2%)와 50대(50.5%)의 비율이 높고, 자녀가 어릴수록 자녀가 많을수록 맞벌이 가구 비율은 낮다.[7] 그러나 어

6 한국여성정책연구원, 『한국의 성인지 통계』, 해당년도.
7 자녀 나이별로 보면, 2019년 기준으로 취학 이전인 6세 이하 자녀를 둔 맞벌이 가구 비중이 44.2%로 가장 낮았다. 7~12세 자녀를 가구의 맞벌이 비중은 54.2%, 13~17세

린 자녀를 둔 맞벌이 부모의 비중은 OECD 국가 평균에 미치지 못하며, 이는 남성의 낮은 가사분담률과 장시간 노동에 기인한다는 평가가 있다.[8]

부부가 모두 노동시장에 참여하고 있더라도 가구 소득에 대한 기여[9] 정도가 상이하고 노동자 정체성의 강도가 다르므로 맞벌이가 부부의 동등한 생계 부양을 의미하는 것은 아니다. 김수정(2015: 173-174)은 맞벌이가 증가해도 남성 생계부양자 규범이 변화되지 않는 배경에 부부간 소득 기여도의 비대칭성이 존재한다고 지적한다. 2020년 한국의 남성 임금 대비 여성 임금 비율은 67.7%로[10] 심각한 성별 임금 격차가 존재한다. 이는 OECD 회원국 중 가장 큰 격차이기도 하다.[11] 성별 임금 격차는 여성 노동에 대한 가치 평가의 문제, 직종 간 성별 분리, 경력 단절 이후 노동시장 재진입 과정에서의 하향 취업 등 다양

자녀를 둔 경우에는 59.6%로 나타나, 초·중학생 자녀를 둔 가구의 맞벌이 비중이 높았다(통계청, 2019).

8 고용노동부가 OECD 통계와 한국노동패널조사를 활용해 분석한 '자녀를 둔 부모의 고용 상황'에 따르면 2014년을 기준으로 만 0~14세 자녀를 둔 한국 부모의 맞벌이 비율은 29.4%, OECD 평균은 58.5%였다(고용노동부, 보도자료, 2017. 7. 3).

9 가구 소득에서 여성 배우자의 소득이 차지하는 비중이 점차 높아지고 있다. 여성 배우자 소득 비중은 2006년 13.4%에서 2015년 15.4%로 높아졌다. 소득 계층별로 보면, 소득 분위가 높을수록 여성 배우자의 소득 기여도가 높다. 지난 10년간 여성 배우자의 소득 기여도는 모든 소득 계층에서 꾸준히 높아졌으나, 1분위의 여성 배우자 소득 기여도는 2006년 5.8%에서 2015년 7.4%로 상승했고, 소득이 높은 5분위는 같은 기간 16.2%에서 19.7%로 상승했다(박정수, 2016).

10 e-나라 지표. 남성 대비 여성 임금 비율, https://www.index.go.kr/potal/main/EachDtlPageDetail.do?idx_cd=2714.

11 한겨레, 2021. 9. 1. "[사설] OECD 최악의 남녀 임금 격차, 경력 단절 대책 시급하다", https://www.hani.co.kr/arti/opinion/editorial/1010116.html#csidx91a31c261e9cffcb175e4a372a793e9.

한 요인들이 관계되어 있다. 이러한 노동시장의 차별적 상황과 관행은 여성과 남성의 취업이 가구 소득에 대한 동등한 기여로 이어지기 어렵고, 따라서 맞벌이의 증가에도 불구하고 남성 생계부양자 규범이나 가족 내 성별 분업이 지속되게 만들고 있다. 그럼에도 기혼 여성의 취업은 여성의 정체성 변화를 다소간 반영하는데, 즉 여성들이 다중적인 자신의 정체성 중에서 주부와 아내와 어머니로서의 정체성 못지않게 직장 내에서 부여되는 노동자로서의 정체성에 중요한 의미를 부여하고 있다는 것이다(이재경 · 장미혜, 2004; 이재경 · 이은아 · 조주은, 2006: 55-56).

여성의 취업이 근대적 성별 분업 체계에 어떤 변화를 초래하는지에 대한 많은 토론이 있었다. 특히 여성의 경제 활동 참여와 가사 분담에 관한 연구들은 두 가지의 다른 주장을 하고 있다(이재경 · 나성은 · 조인경. 2012: 144-145). 우선 성 역할 분리가 여성의 경제 활동으로 인해 상당 부분 약화하고 있다고 하면서, 변화의 가능성을 강조하는 것이다. 여성의 노동시장 참여가 성 역할에 대한 일반적인 인식을 '역할 분리'에서 '역할 공유'로 보다 평등한 쪽으로 변화시켰으며, 경제 활동에 따른 여성의 경제적, 사회적 자원 확보는 가사 노동을 포함한 다양한 영역에서의 책임 분담과 결정권에 대해 남편과 동등한 입장에서 협상할 수 있는 토대가 된다는 것이다(Bianchi, Milkie, Sayer, and Robinson, 2000). 한편 이러한 주장과는 달리 여성이 단순히 노동시장에 참여한다고 해서 가족 내 성 역할이 변화되고 평등한 젠더 관계가 이루어지는 것은 아니라는 논의도 있다. 여성의 취업 증가에 따라 남성의 가사 노동 시간도 다소 증가하고 있으나 증가의 속도는 느리며, 여전히 가사와 돌봄의 주 책임자는 여성이라는 것이다(Lee, 2011; Hochschild, 1989). 대부분의 산업화된 국가에서 가사와 양육의 일차적 책임은 여성에게 있으며, 한국, 대만 등 동아시아 국가 남성들의 가사 노동 참여는 서구의 남성들에 비해 상대적으로 낮은 편이다(Fuwa, 2004). 이인 부양 가구가 증가하면서 가사 및 자녀 양육 분담에 대한 여성들의 요구가 높아지고 있으나 여성에게 돌봄의 일차적 책임을 전가하는 젠더 규범과 가족 내 성별 분업의 변화는 더딘 게 현실이다.

2. 일·가족 갈등: 성평등과 가부장적 현실

성별 분업은 노동시장과 가족이라는 공간적 분리와 남녀에게 다르게 주어지는 역할 분리로 구성된다(신경아, 2014). 일과 가족생활은 서로 공유되는 면도 있지만 현재는 각각의 영역에서 양립할 수 없는 분리된 규범과 요구를 하고 있기 때문에 일·가족 갈등은 불가피해 보인다. 1970년대 이후 기혼 여성의 경제 활동과 가족 역할에 관한 담론은 취업 여성의 '이중 부담', '일·가족 갈등', '일·가족 양립', '일과 삶의 양립' 등의 개념적 용어로 변화해왔다. 앞의 부담이나 갈등은 일·가족생활의 주제를 여성의 문제로 접근하지만, 양립은 개념상으로 성별과 상관없는 보편적 문제로 규정하는 것이라 볼 수 있다. 물론 지금까지는 개념의 변화에도 불구하고, 계속해서 여성의 문제로 축소되어 인식되고 있다(신경아, 2007; 이재경·김경희, 2012). 이러한 갈등은 남성과 여성, 일과 가족, 생산 노동과 돌봄 노동, 공과 사 등 영역과 역할을 분리하는 근대 성별 분업이 한계에 부딪히고 있음을 의미하는 것이다. 일·가족 갈등은 노동시장 구조와 규범, 관련 정책, 젠더 규범과 가족 내 분업을 둘러싸고 벌어진다.

절반의 변화: 역할 갈등

여성의 경제 활동이 활발해짐에 따라 여성들의 삶의 방식에 대한 변화의 기대도 높아지고 있지만, 가족은 여전히 가부장적 젠더 질서에 의해 작동되고 있는 현실에서 남녀 역할을 둘러싼 갈등이 나타난다(신경아, 2009). 대체로 여성의 소득 활동은 인정하면서도 남성들의 의식과 행동은 크게 변화되지 않고 있다. 즉 절반의 변화인 셈이고, 따라서 젠더 규범의 근본적인 성찰과 해체는 요원하다. 이 절에서는 통계청 조사 자료를 중심으로 가족 내 성평등에 대한 인식과 실제 행위, 가사노동을 둘러싼 젠더 갈등을 살펴본다. 전반적인 분석 결과, 2000년 이후 사람들의 의식은 젠더 평등을 지지하는 추세인데 실제 행위는 뒷받침되고 있지 않아, 가사 분담에 관한 태도와 실천 사이에는 괴리가 있는 것으로 나타났다.

먼저 가사 분담에 대한 태도를 보면, 성 역할 분리에서 역할 공유로 변화하고 있다. 우선 가사는 부인이 하는 것이 맞다[12]고 응답한 경우는 2002년 65.9%에서 2020년 34.8%로 약 30% 감소했다. 반면 부인과 남편이 공평하게 분담해야 한다는 응답은 2002년 30.7%에서 2020년

12 '부인이 전적으로 책임'과 '부인이 주로 하지만 남편도 분담'이라는 응답을 합한 것이다.

에는 62.5%로 두 배 이상 증가했다. 이를 남녀로 구분해 살펴보면, 남녀 모두 부인이 전적으로 혹은 부인이 주로 한다는 의견에서 부부가 공평하게 분담해야 한다는 태도로 변화했으나, 가사 분담에 대해 남성이 여성보다 전통적인 입장을 보였다.[13] 또한 나이가 젊을수록 평등 지향적인 태도를 보였다.

그러나 가사 분담에 대한 태도와 비교해 실제로 가사 분담이 어떻게 이루어지고 있는지를 살펴보면, 그 변화의 속도는 태도만큼 빠르지 않음을 알 수 있다. 19세 이상 남녀를 대상으로 가사 분담 실태를 보면 부부가 실제 가사를 공평하게 분담한다고 응답한 비율은 2020년 아내 20.2%, 남편 20.7%에 그친다. 이는 2006년에 아내 7.9%, 남편 7.5%의 응답률과 비교할 때 상당히 증가한 결과이지만, 공평한 가사 분담을 지지하는 태도만큼 빠르게 상승한 것은 아니다. 실제로 가사 분담을 부인이 주도하는 비율은 감소하고, 공평하게 분담하거나 남편이 주도하는 경우는 증가했다. 또한 연령이 낮을수록 공평하게 분담하거나, 남편이 주도하는 비율이 높다.

그러나 취업 상태와 관계없이 여성들은 가사 노동에 대해 주된 책임을 맡는 것으로 보인다. 남편의 저조한 가사 참여는 맞벌이 가구를 통해서도 확인할 수 있다. 지난 15년간의 생활시간조사 결과를 살펴보면, 맞벌이 가구에서 남편의 실제 가사 노동 시간은 큰 변화가 없었

---

13 여성의 경우 2002년에는 35.9%만이 공평하게 가사 노동을 분담해야 한다고 응답했지만 2020년에는 67.0%였다. 이에 대한 남성들의 응답률 역시 25.2%에서 57.9%로 증가했다. 그러나 남성의 경우 39.5%가 부인이 주로 하거나 부인이 전적으로 해야 한다고 응답해 남성의 경우 가사 분담에 대해 여전히 여성보다 전통적인 입장이 강함을 알 수 있다(한국여성정책연구원, 『한국의 성인지 통계』, 해당년도).

다. 2004년 맞벌이 남편은 하루 평균 32분, 홑벌이 남편은 30분을 가사 일에 사용했다. 2014년에는 맞벌이 39분(아내 3시간 11분), 홑벌이 44분(아내 5시간 55분), 2019년에는 맞벌이 남편 50분(아내는 3시간 4분), 홑벌이 남편은 48분(아내는 5시간 35분)으로 조사됐다. 남편의 가사 노동 시간은 지난 15년 동안 20여 분 정도 늘었을 뿐이다.[14] 이러한 결과는 맞벌이가 남성의 돌봄 노동 참여를 이끌어내지 못하고 있음을 보여주는 것이다.

성별 분업에 관한 태도와 실천의 차이는 가족 형태 및 문화, 노동시장의 성격 등 다양한 사회 경제적 요인들과 결합하여 나타나게 된다. 특히 실제 가사 분담에는 개인적 요인뿐만 아니라 노동시장의 성격이나 구조, 가족 형태 등 제도적 요인이 영향을 미친다. 한국, 일본, 대만, 3개국 기혼 여성의 성 역할 태도와 가사부담률[15]을 분석한 연구(이재경·나성은·조인경, 2012)에 의하면, 한국과 대만은 성 역할에 대한 보수적 성향에도 불구하고 남성들의 실질적 가사부담률이 상대적으로 높게 나타났으며, 반면 일본의 경우 여성들의 진보적 태도에도 불구하고 실제 남성의 가사부담률은 낮게 나타났다. 이러한 차이는 대만, 한국과 일본 여성들의 평균 노동 시간에 기인하는데, 한국과 대만 여성들은 전일제 노동에 종사하는 경우가 많아 단시간 노동에 종사하는 일본 여성들보다 상대적으로 가사 노동 시간이 축소되는 것으로 볼 수

---

14 한국여성정책연구원, 『한국의 성인지 통계』, 해당년도.

15 가사부담률은 EASS 2006 가족조사 자료를 사용하여 산출되었다. 응답자 여성과 배우자 각각이 저녁식사 준비, 세탁, 집안 청소 등 가사 노동을 얼마나 부담하는지를 측정했다. 분석 척도에 관한 자세한 사항은 이재경·나성은·조인경(2012: 150)을 참고할 것.

있다. 그러나 이 연구 결과를 한국과 대만의 기혼 남성이 가사 일에 적극적으로 참여한다는 의미로 해석되는 것은 경계해야 한다. 단지 동아시아 3개국의 차이가 노동 시간과 관련이 있다는 설명에 주목할 필요가 있다.

성별 분업은 공평하거나 중립적인 역할 분담이 아니며, 여성과 남성에 의해 수행되는 일들은 불평등한 젠더 관계를 규정하고 설명한다. 여성의 가사 노동 수행은 열등한 지위를 나타내는 반면, 남성의 가사 노동 회피는 그들의 구조적, 문화적 권력을 보여주는 것이다(이재경 · 나성은 · 조인경, 2012: 145). 한국에서 기혼 여성들은 취업 상태와 관계없이 가사 노동과 자녀 양육의 일차적 책임자이다. 이때 취업 여성들은 남편과 일을 분담하기보다는 확장된 가족 네트워크나 시장을 이용함으로써 양육의 부담을 줄이고자 한다. 이러한 경향은 고학력의 전문직에 종사하는 중산층 여성들에게서 눈에 띄게 나타나는데, 이들은 경제력과 친족 자원 활용을 통해 가사와 양육의 부담을 덜고 경력과 고용 안정을 유지한다. 반면 고용이 불안정한 저소득층의 여성들은 양육 노동을 대체할 경제력이나 자원이 부족하므로 임신과 출산 기간 이직률과 노동시장 이탈률이 높으며, 그 결과 고용을 유지하기 어렵다(이재경 · 이은아 · 조주은, 2006: 51-52). 기혼 여성 노동의 계층별 차이는 6장에서 논의한다.

이상적 노동자 규범과 시간 갈등

일 · 가족 갈등의 또 다른 측면은 '시간'이다. 노동시장과 가족의 시간 규범이 서로 달라 기혼 여성 노동자는 시간 사용의 충돌과 갈등을 경험하게 된다. 즉 여성 취업 증가에도 불구하고, 가족과 노동시장의 규범적, 제도적 경직성으로 인해 여성 노동자는 극심한 시간 빈곤이나 불평등[16]을 겪는다. 노동시장의 이상적 노동자 규범과 가사와 양육이라는 가족 역할은 여성들에게 시간 압박을 가중시킨다. 전일제 남성 노동자에게는 집이 안식처가 될 수 있지만, 여성 노동자에게는 또 다른 일터가 되는 것이다. 불평등한 역할 분담과 이상적 노동자 규범이 지속되는 한 여성은 시간 빈곤과 부족을 해결하기 어렵다. 이 절에서는 기혼 여성 노동자의 시간 갈등[17]을 중심으로 논의한다. 특히 남성 중심의 공적 시간 체계는 여성에게 불리하게 작용하며, 가족 시간과 노동 시간은 불평등한 젠더 체계에 의해 조직된다고 할 수 있다.

혹실드(Hochschild, 1989; 1997)는 기혼 여성 노동자의 시간 사용은 집과 일터를 오가면서 일하는 교대 근무second shift의 성격을 띤다고 했다. 가족 시간과 노동 시간은 불평등한 젠더 구조에 의해 조직되는데, 남성 중심의 공적 시간 체계는 여성에게 불리하게 작용한다. 이상적 남성 노동자의 시간은 하루 8시간 이상, 일주일에 5일 이상 근무하며, 매일 직장으로 출퇴근하고 노동 시간 외에는 여가 시간으로 여겨지며,

16 시간 사용time use은 사람들이 일상생활을 하는 방식을 알려줄 뿐만 아니라 사회적 집단 간의 불평등을 반영한다. 시간은 평등하고 모두가 같은 방식으로 경험하는 자원이라는 믿음이 전제되어 있으나, 경험되는 시간은 모든 사람에게 같지 않다. 모두에게 주어지는 하루 24시간이지만, 시간은 불평등하게 분배되는 사회적 자원이다(김수한 · 안리라, 2018; 조주은, 2008; Clawson and Gerstel, 2014).

17 시간 갈등에 대한 논의에서는 다양한 개념들이 사용되고 있는데, 시간 분할 또는 불균등time divide, 시간 족쇄time bind, 시간 압박time pressure, 시간 적자time deficit, 시간 빈곤time poverty 등이다.

집은 아내의 일상적, 정서적 지원을 받는 안식처가 된다. 반면 기혼 여성 노동자의 시간은 노동 시간, 돌봄 및 가사 노동 시간, 자유 시간으로 구성되지만, 다중의 역할로 시간 압박과 시간 빈곤을 겪는다. 일상적인 시간 사용을 보면 동시에 여러 가지 일을 수행하는 경우가 대부분이며, 따라서 여성에게는 집이 안식처가 아니라 또 다른 일터가 되는 것이다.

노동 시간의 변화를 가족의 관점에서 논의하면서 후기산업사회 미국 가족이 직면한 문제를 양극화된 시간 분할time divide[18]의 측면에서 분석한 제이콥스와 거슨(Jacobs and Gerson, 2004)은 근대적 노동 시간의 지속으로 가족은 위기에 처한다고 설명한다. '미국인은 과잉 노동한다'는 주장을 비판하면서 노동 시간이나 가족 시간은 젠더, 가족 형태, 계층에 따라 불균등하게 배분된다고 했다. 이들은 시간 사용 유형이 양분화되는 현상을 다섯 가지로 분류한다. 맞벌이 가구와 한부모 가구가 증가하면서 나타나는 노동 시간과 가족 시간의 불균등, 시간 압박을 겪는 일하는 부모의 부모 역할 불균등, 돌봄의 책임과 노동자로서의 헌신 사이에서 심각한 딜레마를 겪는 젠더 불균등, 노동력의 양극화로 인한 직종 간 노동 시간 불균등,[19] 현실의 노동 시간과 자신이 열망하는 이상적인 노동 시간 사이의 열망aspiration 불균등이다. 특

---

18 divide의 사전적 의미는 분할, 분리에 가깝지만 여기에서의 의미는 양분화, 불평등한 분배에 가깝다.

19 전문 관리직에 종사하는 사람의 과잉 노동과 저임금 노동자의 과소 노동 사이의 차이를 말한다. 즉 저임금 노동자는 장시간 일하여 소득을 높일 수 있는 일자리가 부족해지는 현상을 말하는데, 저자들은 미국인이 과잉 노동한다는 주장은 일부 전문 관리직 종사자에 한정된 것이라고 했다(Jacobs and Gerson, 2004).

히 헌신적 노동자와 집중적 모성 역할이 요구하는 시간 규범의 충돌은 많은 여성들을 갈등적 상황에 놓이게 한다. 이러한 현실에서 여성과 남성이 궁극적으로 평등한 게임을 하기 어렵다고 보며, 시간을 중요한 요인으로 본다. 이중 역할을 담당하는 여성에게는 24시간이 공평하게 분배되지 않는 것이다(신경아, 2011).

이상적 노동 시간과 가족 시간의 충돌로 인해 여성들은 이중의 비판과 갈등에 직면한다. 예를 들어 장시간 노동은 조직에 대한 헌신을 보여주지만, 늦은 시간까지 직장에서 일하는 여성은 부모 역할 또는 배우자 역할에 충실하지 못하다는 부정적 평판을 감수해야 한다. 그러나 가족 돌봄을 위해 정시 퇴근을 하면 직장에 대한 헌신이 약하다는 비판을 받는다. 또한 남성들만큼 오랜 시간 일한다고 해서 가족과 관련된 역할에서 벗어나 있지 않으며, 이 때문에 여성들은 일터와 가족 사이에서 시간 헌신을 둘러싼 갈등을 지속적으로 경험하게 된다(김수한·안리라, 2018: 조주은, 2008; Clawson and Gerstel, 2014). 여성 관리자들의 시간 제약을 분석한 김수한·안리라(2018)는 이들이 유능한 직장인과 가족에 헌신적인 여성으로서 요구되는 이중적인 시간 규범으로 인해 심각한 시간 압박을 경험한다고 했다. 여성들은 시간 제약으로 인해 직장 내에서 사회 자본의 형성 및 유지에 어려움을 겪게 되고, 결과적으로 제한적이고 협소한 사회 자본은 이들이 조직 내에서 성공적인 경력을 만드는 데 큰 장애가 된다.

한편 맞벌이 부부의 경우 두 사람 모두 전일제로 근무한다고 해도 여성이 남성과 비교해서 더 많은 시간을 가사일과 양육 노동에 사용하며, 결과적으로 여성들은 이중의 부담을 지게 된다. 우리 사회는 가부장적 규범으로 남성의 돌봄 노동에 대한 기대가 낮고 돌봄과 가사에 대한 책임은 일차적으로 여성에게 주어진다. 이러한 규범과 관행은 여성의 노동시장 참여가 증가하는 상황에서도 변화되지 않고 있다. 앞에서 언급한 맞벌이 부부의 가사 시간 차이를 보면 쉽게 추측할 수 있다. 생활시간조사 결과는 젠더화된 시간 규범을 분명하게 보여주는데, 배우자의 취업 여부는 남성의 가사 노동 시간에 큰 영향을 미치지 못한다. 일하는 여성은 시간 압박에 시달리며, 끊임없이 '바쁘다'는 말을 하면서 직장과 집을 오간다. 평등한 관계를 기대했던 중산층 맞벌이 부부들은 젠더 갈등의 원인을 친족이나 시장에 외주화함으로써, 경제적 동맹자로 서로를 의미화하고 장시간 노동을 유지하며 결과적으로 가족주의를 강화시키는 현실을 보여준다(조주은, 2008).

경제적, 인구 동태적, 규범적 변화 추세는 과거와 비교해 여성과 남성의 시간 사용 양상을 유사한 방향으로 이동시킨다는 주장도 있다. 남성과 여성 모두 임금 노동과 무급 노동의 시간 차이가 줄어드는데, 남성의 경우 임금 노동 시간이 감소하고 무급 가사 노동 시간이 증가하는 반면, 여성은 임금 노동 시간이 길어지고 무급 노동 시간이 줄어들고 있다는 것이다. 그러나 현실에서 여성 유급 노동 시간의 증가분에 비해 남성 무급 노동 시간의 증가분은 미미한 수준에 그치고 있다. 결국 여성은 유급 노동을 한 이후에 무급 가사 노동으로 교대 근무를 해야 하고, 증가한 노동 시간만큼 여가 시간은 줄어든다. 실제로 여가 시간이 가장 적은 집단은 자녀를 둔 30대 직장인 여성으로 나타났다.[20]

우리 사회는 산업 구조 변동과 가족 임금의 붕괴로 인해 더 이상 남성의 소득만으로는 생계를 유지하기 어려운 상황이 되었다. 가족 생계를 위한 여성 임금의 필요성과 노동시장 참여에 대한 여성들의 열망은 지난 수십 년간 증가해온 여성들의 경제 활동 참여로 나타났고, 공·사 이분법에 기반한 젠더 규범에 균열의 징후가 나타났다. 그러나 여성의 노동시장 참여는 계층에 따라 그 의미와 효과가 다르다. 여성의 소득이 가구 생계에 필수적이지 않은 경우도 있고, 필요한 경우에도 부부간 소득기여도가 균등하지 않다는 점에서 여성의 노동시장 참여 그 자체로 남성의 돌봄 참여를 이끌어내는 원동력이 되기 어려운 것으로 보인다. 실제로 지금까지 여성이 취업하더라도 남성의 돌봄 참여가 이루어지지 않고 있으며, 따라서 젠더 규범을 해체할 정도의 변화는 요원해 보인다. 일과 가족으로 인한 시간 압박과 갈등을 겪는 여성들은 부모나 친족의 도움, 경제적 자원을 활용한 돌봄의 외주화, 여가 시간의 포기, 육아휴직이나 퇴직 등 자신의 상황에 맞는 다양한 방식으로 고군분투하면서 갈등을 해결하고 있다.

3. 젠더 협상: 열망과 현실 사이에서

일·가족 갈등의 해결을 위해 젠더 평등이 요구되고 있지만, 가부장적 현실은 절반의 변화에 그치고 있다. 가족과 여성은 평등에 대한 열망과 전통적 기대 사이에서 협상과 조정을 꾀하며, 이러한 젠더 협

20 중앙SUNDAY, 2018. 4. 21. “[SUNDAY 탐사] 돌봄·가사 노동, 일하는 아내 하루 208분…무직 남편은 72분”, http://news.joins.com/article/22556078A.

상gender bargain[21]은 가족생활의 여러 측면에서 당사자들이 성별 분업을 둘러싸고 변화를 요구하고 이에 대응해가는 역동성을 보여준다. 이런 점에서 젠더 질서는 고정된 실체가 아니라 당사자들의 상황에 따라, 사회적 환경에 따라, 지속해서 재구성되는 일련의 과정으로 볼 수 있다. 근대 성별 분업이 약화되면서 역할을 둘러싼 협상의 내용이 변하고 있다. 근대 사회에서는 가족 내 역할 분리가 제도화된 젠더 협상의 내용이었지만 21세기에는 더는 이같은 협상이 원활하게 작동하지 않는다. 앞에서 살펴본 바와 같이 평등에 대한 열망은 현실을 담보하지 못하며, 개인들은 열망과 현실 사이에서 전략적 선택을 한다.

가족과 성별 분업에 대한 협상은 젊은 세대와 기성세대, 남녀 간에 다소 차이가 있으나, 대체로 문화적 이상일 뿐 현실에서는 쉽지 않다는 점을 확인해준다. 특히 가족 내 협상은 노동시장과는 달리 제도적 측면뿐 아니라 관계나 감정이 얽혀있는 개인들 사이의 조정 과정을 포함한다. 이재경 · 이은아 · 조주은(2006)은 평생 직업의 개념이 깨지고 양극화가 심화되고 있는 신자유주의 사회에서 남성들은 자신의 배우자가 공동 생계부양자 역할을 하는 것에는 동의하면서도 여성이 가족을 우선으로 할 것을 기대하는 모순된 태도를 보인다고 했다. 남성들은 부인의 임금 노동을 반대하지 않고 남녀평등이라는 가치에는 형식적 동의를 보이지만, 가사나 돌봄 노동에 대해서는 적극적으로 참

---

21 칸디요티(Kandiyoti, 1988)는 전통적 가부장제 하에서 여성이 취하는 전략을 가부장적 협상patriarchal bargain으로 개념화했다. 가부장적 협상은 젠더 협상 방식의 하나이다. 그는 가부장제 사회에서 여성들은 자신의 이익을 보호하기 위해 전략적으로 가부장제와 공모하며, 이를 협상의 과정으로 보았다. 예를 들어 가부장적 가족에서 여성이 아들을 출산함으로써 가족 내 자신의 지위를 확고히 하는 경우이다.

여하지 않고 있다. 앞에서 언급한 생활시간조사 결과를 보더라도 맞벌이 가구든 홑벌이 가구든 남성들의 가사 노동 시간은 크게 차이 나지 않는다. 생계부양자 의식에 관한 연구 결과를 보면, 맞벌이 부부일지라도 생계부양자는 남성이어야 한다는 의견이 남녀 모두 강하다. 특히 취업 여성도 남편이 자신보다 소득이나 사회적 지위가 높기를 기대한다(문지선, 2017; 신경아, 2014). 이러한 태도는 남편과 아내 모두 일하는 맞벌이 가구에서도 가족 내 역할 분담에 미치는 영향이 제한적일 것이라는 추측을 가능하게 한다. 한국 여성들은 대체로 남성의 장시간 노동을 받아들이면서 가족 역할을 스스로 조정하는 경향을 보인다(조윤명 · 김영미, 2020).

지연된 혁명 또는 미완의 혁명을 논의하는 학자들은(England, 2010; Hochschild, 1989; Gerson, 2010) 노동시장보다는 가족의 영역에서 불평등한 젠더 관계의 개선이 어렵다는 점을 지적하고 있다. 젊은 세대는 일 · 가족의 이상적인 모습으로 아내의 임금 노동은 받아들이지만 가족 역할 공유에는 다소 보수적인 태도를 취한다. 이러한 모습은 역할을 둘러싼 부부 갈등을 회피 또는 최소화하는 젠더 협상으로 볼 수 있다. 젠더 규범의 변화 유형을 몇 가지로 구분할 수 있는데, 현재 협상의 모습은 공적 영역에서는 평등 지향, 가족에서는 남성의 생계부양자 역할에 대한 전략적 수용으로 볼 수 있다. 특히 한국이나 동아시아 국가들은 가족 내 성 역할의 전략적 수용의 모습을 보인다. <표 5-1>는 성별 분업의 변화 유형과 쟁점을 요약해주는데, 우선 고닉과 메이어스(Gornick and Meyers, 2009: 15)는 전통적(견고한) 성별 분업과 비전통적(완화된) 성별 분업 사이에 다양한 유형의 성별 분업 모델이 존재

<표 5-1> 젠더 규범의 변화 유형

	근대 젠더 규범	←	→	젠더 평등
성별 분업 구조 (Gornick & Meyers, 2009)	남성 부양자· 여성 돌봄자	이인 소득자·여성 시간제 돌봄자	이인 소득자·국가 (또는 시장화된) 돌봄자	이인 소득자· 이인 돌봄자
성 역할 규범 (Brinton & Lee, 2016)	전통주의 traditioal	일 지향 보수주의 pro-work conser-vative	유연한 평등주의 flexible egalitarian	완전한 평등주의 full egalitarian
이상적 일·가족생활 (Gerson, 2010)		신전통주의 neotraditinal	유연한 평등주의 gender flexible egalitarian	자립형 self-reliant*

* 엄밀히 말하면 평등보다는 자립에 무게를 둔 유형이다.

한다고 본다. 그들은 전통적인 성별 분업의 성격을 가지고 있는 정도에 따라, 남성 부양자 · 여성 돌봄자male breadwinner·female carer, 이인 소득자 · 여성 시간제 돌봄자dual earner·female part-time carer, 이인 소득자 · 국가(또는 시장화된) 돌봄자dual earner·state or marketized carer 유형으로 나누고, 가장 비전통적 또는 평등한 유형으로 이인 소득자 · 이인 돌봄자 dual earner-dual carer 모델을 제시한다. 이인 소득자 · 이인 돌봄자 모델이 실현되기 위해서는 부양과 돌봄, 유급과 무급, 노동시장과 가족이라는 젠더화된 이분법의 해체가 전제되어야 한다(이재경 · 김경희, 2012). 이는 지금의 사회 제도들이 재설계되어야 함을 의미하는데, 더 자세한 내용은 6장에서 논의한다.

한편 거슨(Gerson, 2010: 105-106)은 젊은 세대가 미래 자신들의 가족생활에 대해 어떻게 생각하는지를 근거로 세 가지 가족생활 유형을 제시한다. 하나는 자립형 모델self-reliant로, 결혼이나 평생의 동반자를 찾는 것이 중요한 목표가 되지 않으며 경제적 자립을 우선적으로 중시하는 모습이다. 두 번째는 신전통주의neotraditional 모델로 남성 생계 부양자, 여성 돌봄자라는 근대적 분업이 개선된 형태update version이다. 이성애 결혼 안에서 남녀에게 다르게 부과되었던 역할을 젠더에 관계없이, 한 배우자가 생계 부양, 다른 배우자가 가사와 육아를 담당하는 유형이다. 그러나 이런 유형에도 주로 여성이 돌봄의 책임을 지게 되는 현실적 우려가 있다. 마지막은 유연한 평등주의egalitarian 모델로, 배우자 관계에 있는 두 사람이 평등한 관계에서 일과 양육의 부담을 나누어 지는 것이며, 공정성·형평성·유연성을 강조한다. 미국의 젊은 남녀는 평등주의 모델을 지향하지만, 현실에서 젠더 평등의 이상이 좌절될 위기에 처했을 때, 여성들은 자립형 모델을, 남성들은 신전통주의 모델을 우선으로 선택하는 경향을 보였다.

OECD 24개국 젊은 세대의 젠더 규범에 대한 인식과 출산 행위를 분석한 브린튼과 리(Brinton and Lee, 2016)는 전통과 평등으로 이분화된 젠더 규범을 확장하여 네 가지 유형으로 나누고 있는데, 전통적 성역할에서는 벗어났으나 성평등으로 보기 어려운 변이들이 다양하게 존재함을 확인했다. 전통적traditional 유형, 여성 취업을 지지하지만 동시에 돌봄 역할도 기대하는 일 지향 보수주의pro-work conservative 유형, 일과 가족생활에서 여성의 선택을 지지하는 유연한 평등주의flexible egalitarian 유형, 이인 소득자와 이인 돌봄자로 구성된 완전한 평등full egalitarian 유형이다.

한국은 24개국 중 일 지향 보수주의가 가장 강하며 내부적으로는 성 역할 규범이 매우 동질적인 특징을 보이고 있다. 한국의 젊은 세대의 젠더 규범과 출산을 심층면접 자료를 토대로 분석한 조윤명·김영미(2020)도 유사한 결론을 내리는데, 일 지향 보수주의가 강하고 여성의 이중 부담 수준이 저출산과 관련이 있다고 주장한다. 신경아(2014)도 우리 사회 50대 남성의 생계부양자 의식을 보면 거슨(Gerson, 2010)이 말하는 신전통주의 성향이 나타난다고 했다. 이처럼 성 역할을 둘러싼 비대칭적 협상이 가능한 배경에는 가족이나 부부는 경제 공동체로서 이해관계가 다르지 않다는 인식이 있다. 허은(2018: 186-191)은 창원 지역 기혼 여성 노동자들의 비대칭적 젠더 관계를 합리화하는 기제는 동반자 의식이라고 했다. 부모 역할의 기능적 분업을 수용하면서 부부를 상호 협력하는 동반자 관계로 규정하고, 가족이나 노동시장의 젠더 위계와 현실의 갈등을 조정하는 것이다. 이러한 현상은 젊은 세대에서도 유사하게 나타났다. 한국과 일본의 24~35세 고학력 기혼 여성들은 가족 내 역할 분담을 양보하면서 남편의 장시간 노동을 전략적으로 수용한다. 이들은 이상적 남편·아버지는 가족에 대한 경제적 책임을 다하는 것이라고 하면서 남성 생계부양자 규범을 지지했다(Brinton and Oh, 2019: 121-124).

일 지향 보수주의 또는 신전통주의 모델이 우세한 배경에는 남성 생계부양자 규범이 있다. 기존 연구에서는 한국 사회에서 맞벌이의 증가가 곧 남성 생계부양자 모델의 약화를 의미하는 것은 아니라는 점을 강조한다(김영미, 2012; 김수정, 2015; 이순미, 2014). 김수정(2015: 173-174)은 1990~2010년 시기 맞벌이 증가의 배경에는 경력 단절 후 재취업하는 여성의 생애주기적 특성과 저소득층의 여성 취업이 활발한 계층 효과가 있다고 분석했다. 따라서 맞벌이의 증가가 여성의 독립적인 경력 형성과는 무관하게 진행된다는 점에서 남성 생계부양자 모델의 약화를 의미하는 것은 아니라는 것이다. 사실 남성 생계부양자 역할은 실제적 수행 여부와 무관하게 강력한 이데올로기로 작동하고 있다. 압축적 산업화 시대 한국 남성의 생계부양자 역할을 논의한 최선영·장경섭(2012)은 1932~1961년 출생한 남성 노동자들의 표준적 노동 생애를 생계부양자로 보기 어렵다고 했다. 결혼 당시의 직업 지위를 45세까지 유지하는 경우는 취업 남성의 약 40%에 그쳐 직업적 불안정성을 보여주었으며, 이러한 직업 지위의 불안정성은 가족으로 전이되어 여성의 동반 취업을 유도한다고 했다. 그런데도 우리 사회에서는 남성이 생계부양자여야 한다는 의식이 강한데, 기존의 연구 결과(신경아, 2014: 164; 허은, 2018: 170-171)를 보면, '아내가 돈을 벌더라도, 가족의 생계 부양은 일차적으로 남편의 책임'이라는 진술에 남녀 모두 동의하는 비율이 높다. 홑벌이 가구보다는 맞벌이 가구에서 남성의 일차적인 부양 책임에 대한 동의 정도가 다소 낮지만, 그 차이는 미미하다. 여성이 남성보다 동의하는 수준이 낮지만, 취업 여성도 남편이 자신보다 소득이나 사회적 지위가 높기를 기대하는 것으로 나타났다.[22]

4. 가족과 노동의 경계를 넘어서

젠더 질서의 변화를 위해서는 가족과 노동의 경계를 유연화하는 것

22 브린튼·오은실(Brinton and Oh, 2019: 131-132)의 연구에 의하면 24~35세 고학력 미혼 여성들도 남성의 생계부양 역할을 중시하는 것으로 나타났다.

이 필요하다(이재경, 2015: 301-303). 젠더 구조의 유연화는 두 가지 차원에서 이루어져야 하는데, 하나는 가족의 차원이고, 다른 하나는 노동시장의 규범적·제도적 차원이다. 우선 가족 내 젠더 구조를 보면 후기 근대적 가족 변화는 여성의 노동시장 참여를 중심으로 전개되고 있으며, 이는 근대적 성별화 과정이 재구성되는 것으로 볼 수 있다. 모성 보호, 보육 등 평등을 위한 각종 정책, 제도적 변화나 여성 운동에도 불구하고 아직은 가족 내 성 역할 분리가 지속되고 있는 것이 현실이다. 노동시장에서도 마찬가지이다. 출산과 양육 노동에서 면제되는 남성 노동자 중심으로 설계된 이상적 노동자 규범과 남성 생계부양자 이념의 지속은 가족과 노동시장이 밀접히 연결되어 있다는 사실을 간과한다. 여성의 노동시장 참여가 증가하면서 전일제 근무라는 근대적 노동 시간은 가족과 노동시장이 갈등하게 되는 요인이 되었다. 예컨대 장시간 노동이 요구되는 상황에서는 노동 시간과 가족 시간의 적절한 균형을 유지하는 것이 불가능한 것처럼 보인다.

그동안 여성학자들은 노동 시간을 단축함으로써 여성의 부양 노동 참여, 남성의 돌봄 노동 참여 등 젠더 유연성을 허용하는 보다 급진적인 제도적 대안 모색을 주장해왔다(신경아, 2014; 이재경·김경희, 2012). 노동 시간이 길고 노동 시간의 성별 격차가 존재하는 상황에서 남성의 장시간 노동은 가구 내 돌봄 시간의 불평등으로 이어지기 때문이다. 2018년 근로기준법이 개정됨에 따라 주 52시간 근로시간단축제도가 도입되었다. 주 52시간 근로시간 단축은 장시간 노동을 제한함으로써 성별 노동 시간 격차와 돌봄 노동의 불평등을 완화시킬 수 있는 조건이 될 수 있다. 이진우·금종예(2021)에 따르면 2018년 근로시간단축제도 도입에 따라 임금 근로자들의 초과근로시간이 감소하고, 부부의 초과근로시간 또한 감소한 것으로 나타난다. 노동 시간 단축은 장시간 노동 체제와 이상적 노동자 규범을 변화시킴으로써 노동시장의 성 불평등을 해소하고, 남성의 돌봄 참여를 확대하는 데 기여할 것이라는 기대가 있다.

장시간 노동뿐 아니라 경직된 노동 시간 체계 또한 노동자의 생애주기에 따른 다양한 요구를 충족시키기 어렵게 한다. 특히 돌봄 노동의 책임을 진 노동자는 시간 압박과 일·가족 균형의 어려움을 경험한다. 따라서 노동 시간 단축만큼이나 중요한 것이 바로 노동 시간의 유연성이다. 노동 시간의 유연성은 고용주나 기업이 아닌 노동자의 선택권과 재량권이 중요하다.[23] 유럽의 국가들은 오래전부터 근로시간 유연성 확보를 위한 제도들을 시행해왔다. 노동 시간의 유연화가 젠더 관계에 미치는 영향은 일관적이지는 않으나 여성 노동자가 노동 시간을 유연하게 선택함으로써 일·가족의 갈등을 해소하고 고용을 지속하는 데 도움이 되는 것으로 나타난다.

최근 한국 사회에서도 노동자의 일·생활 균형과 업무 생산성 향상 등을 위한 노동 시간의 유연성에 대한 요구가 늘어나고 있다. 유연근무제도는 일하는 시간이나 장소가 유연하다는 의미인데, 「2019년 일·

23 노동 시간 유연성은 자본과 노동자 중 누구에게 '자율성'이 있는가에 따라 효과가 달라질 뿐 아니라 유연근무제와 노동시장의 성평등 효과도 다르게 나타난다(이은아·신경아, 2021: 40-41). 예를 들어 유연근무제가 기업의 성과 목표나 효율성을 극대화하기 위한 것이 되어 기업이 주도적으로 노동 시간과 장소를 통제한다면 돌봄 책임을 진 노동자는 일·생활 균형의 어려움을 더 많이 겪게 될 수 있다. 반면에 돌봄 역할이 늘어나는 시기에 노동자가 노동 시간이나 장소를 선택할 수 있는 재량권을 갖는다면 노동자는 고용을 중단하지 않고 일과 가족의 요구를 스스로 조정해갈 수 있다.

가정 양립 실태조사」에 따르면, 유연근무제도로 시간선택제, 시차출퇴근제, 선택근무제, 재량근무제, 원격근무제, 재택근무제 등이 있으며, 6개 제도 중 하나 이상 도입한 사업체는 전체 중 25.6%이다. 유연근무제도를 도입한 주된 이유는 '생산성 등 업무 효과를 높이기 위해서'가 가장 많고(46.6%), 다음은 '근로자의 일·가정 양립 지원'(33.2%)이었다(전기택·김종숙·강민정 ·김난주·이선행·권소영, 2020). 또한 코로나19 팬데믹 이후 시차출퇴근제나 선택근무제와 같은 시간의 유연성뿐 아니라 재택근무와 스마트워크 등 장소의 유연성도 늘어나고 있다. 신경아·이은아(2021)는 많은 기업에서 여성 고용이 늘어나면서 노동자의 일과 가족생활의 균형을 위해 유연근무제를 도입하고 있는데, 승진이나 경력상의 불이익으로 육아휴직 사용이 어려운 경우 유연근무제는 육아휴직의 보완재 역할을 할 수 있다고 전망한다. 그러나 유연근무제도는 조직 내 성과 지향과 장시간 노동 규범과 충돌하며 평가의 공정성 문제를 야기할 수도 있고, 일터에서 유연근무제를 사용하는 여성 노동자가 남성과 동등한 경쟁자가 되기 어려운 위치에 놓이게 됨으로써 성별 격차를 강화할 우려도 있다. 유연근무제가 여성만 사용하거나 여성을 위한 제도로 활용된다면 오히려 여성의 돌봄 책임을 강화하고 노동시장의 불평등을 강화할 수도 있는 것이다. 국미애(2013)는 유연근무의 일환으로 도입된 시간제 근무가 '선호' 혹은 '욕구'라는 명목으로 시간제 노동을 여성 노동으로 만듦으로써 여성을 주변화시킬 수 있음을 지적한 바 있다. 유연근무제와 같은 노동시장의 유연성이 여성 고용을 지속하고 노동시장의 성별 격차를 해소할 수 있으려면 노동자 중심의 자율성과 모든 노동자가 차별 없이 제도를 사용할 수 있어야 하며, 사용자에 대한 낙인이나 불이익이 없어야 한다. 중요한 것은 어떤 제도든지 성평등을 목표로 설계되고 기업이나 남녀 노동자 모두의 실천이 담보되지 않는다면 일·가족의 갈등을 해결하기 어려울 것이라는 사실이다.

6장

여성의 노동 경로와 가족: 젠더 · 계층

지난 반세기 동안 한국 여성의 경제활동참가율은 꾸준히 증가했으며, 기혼 여성들의 노동시장 참여도 빠르게 늘고 있다. 특히 기혼 여성의 임금 노동은 성별 분업 구조에 균열을 일으키고 있다. 맞벌이 가족이 늘어나면서 젠더 질서의 변화가 나타나지만, 그 속도는 매우 느리다. 5장에서 논의했듯이 성별 분업은 약화되고 있지만 여전히 작동하는 것이 현실이며, 가족 내 젠더 질서는 노동시장에서보다 강하게 유지되고 있다. 임금 노동과 가족생활의 양립은 기혼 여성, 특히 돌봄 노동의 일차적 책임을 갖는 여성들에게 중요한 문제가 되고 있으며, 일·가족 갈등은 여성의 경력 단절의 주요한 이유가 된다. 예를 들어 코로나19 팬데믹은 18세 미만 유자녀 기혼 여성의 고용에 큰 영향을 미친 것으로 나타난다. 2020년 15세 이상 54세 이하 기혼 여성 중 18세 미만 자녀를 둔 기혼 여성의 고용률은 1.5% 감소했고, 막내 자녀 기준으로 3세, 4세 어린 자녀를 둔 기혼 여성의 고용률이 가장 크게 감소했다.[1] 이는 코로나19로 인해 보육 시설이나 학교 등 돌봄 체계가 중지된 상황에서 여성에게 돌봄의 부담이 가중되어 고용에 영향을 미친 것으로 볼 수 있다.

임금 노동과 돌봄 노동의 이중 부담을 지는 기혼 여성들은 다양한 방식으로 일·가족 갈등을 해결하고자 한다. 여성들은 직업, 고용 형태, 학력, 가구 소득 등 사회 경제적 조건에 따라 갈등을 해결할 수 있는 자원의 크기가 달라지며, 남성 배우자와의 관계에서도 협상력의 차이가 있다. 최근의 연구 결과(김이선·박경숙, 2019; 이순미, 2014; 이정희, 2019; Damaske, 2011; Gerson, 2010; Williams, 2010)에서도 여성의 노동 생애는 계층과 같은 가족 조건과 상호작용하면서 구성된다는 것을 보여주고 있다. 이들 연구는 여성의 노동 생애가 남성의 경험과 다르다는 점을 강조한다. 남성의 노동 경험은 고용과 비고용, (생산)노동과 비노동의 이분화된 것이라면, 여성의 노동 생애는 이분화된 개념으로는 설명하기 어렵다.[2] 임금 노동을 기준으로 취업 상태를 규정하는 생산

---

1 여성가족부 보도자료, 2021. 5. 20. "여성 고용 유지를 위한 일·생활 균형 지원 제도 활성화 방안 모색".

2 여성학자들은 취업 상태를 말하는 고용과 비고용의 이분법이 남성 중심적이라는 비판과 함께 노동 개념 자체가 가지고 있는 남성 중심성에도 도전해왔다. 이들은 공적 영역에서 이루어지는 교환가치를 지니는 임금 노동은 남성 중심적이며, 생산 노동 중심의 노동 개념은 여성이 수행하는 임금을 받지 않는 일work을 역할로 규정하고 노동의 범주에 포함하지 않았다고 지적한다. 또한 여성이 사적 영역에서 수행해온 일을 가

노동 중심의 노동 개념에는 여성들이 주로 수행하는 돌봄 노동이 포함되어 있지 않기 때문이다. 여성의 노동 생애는 취업부터 은퇴까지 대체로 하나의 경로를 밟는 남성과는 달리 노동시장 진입, 중단, 재진입, 퇴장 등이 순서 없이 섞여 발생하는 경우가 빈번하다.

한편 노동시장 참여의 동기나 배경에 대한 인식은 성별이나 계층에 따라 다르다. 남성의 노동은 당연히 생계 부양의 의미가 있지만, 여성의 노동은 생계 부양보다는 개인의 선택, 가족의 필요 등으로 해석되며, 이는 계층에 따라 다르게 평가된다. 중산층에서 여성의 취업은 선택이 강조되고, 저소득층에서는 가족의 경제적 필요가 강조된다. 취업을 중단할 때도 중산층은 스스로 선택opt-out한 것으로, 저소득층 여성은 노동시장에서 내몰리는pushed-out 것으로 담론화되기도 한다.[3] 이처럼 기혼 여성 노동을 선택과 필요로, 자의와 타의로 이분화하는 것은 복잡한 여성의 노동 경로를 간과하는 비현실적인 구분이며, 계층적 편견이 내재된 것이다. 2020년 기준 여성의 경력 단절 사유로는 결혼, 임신·출산, 가족 돌봄 중 육아(42.5%)가 가장 비율이 높은 것으로 나타났다.[4] 돌봄의 책임을 진 여성들은 이상적 남성 노동자 규범이 작

사 노동, 감정 노동, 돌봄 노동 등 '노동'으로 재개념화함으로써 교환가치를 갖는 생산 노동 중심의 '노동' 개념에 도전하고 남성 중심성을 수정해왔다.

3 2003년 리사 벨킨Belkin의 뉴욕 타임즈 칼럼에서 제기된 논란이다. 그동안 주로 노동시장에서 탈락한 여성들에게 초점을 맞춰왔던 일반적인 논의의 틀에서 벗어나, 성공 가도를 달리고 있는 고학력 전문직 여성들이 일과 가족생활의 균형을 맞추는 것에 대한 어려움과 자녀에 대한 죄책감에서 벗어나기 위해 스스로 전업주부가 되는 길을 선택한다는 논지는 많은 사회적 주목과 비판을 받았다("The Opt-Out Revolution," From the Archive in *The New York Times* Magazine. (https://www.nytimes.com/2013/08/11/magazine/the-opt-out-revolution.html)

4 통계청, 「경력단절여성 현황」, 2020.

동하는 노동시장에서 경력 단절을 할 수밖에 없는 상황에 처하게 되는 것이다. 흔히 여성들은 임금 노동을 '가족을 위한' 것으로 인식하는데, 이는 여성의 이타적 도덕성을 보여주는 것이며, 이기적 여성이라는 평가를 회피하는 전략이기도 하다(Damaske, 2011; Williams, 2010).

이 장에서는 가족의 사회 경제적 위치와 젠더 규범이 결합하면서 구성되는 기혼 여성의 노동 생애 과정을 논의한다. 첫째 기혼 여성 노동은 계층에 따라 어떤 특성을 보이는가? 여성의 임금 노동은 가구 소득에 얼마나 기여하며, 더 나아가서 얼마나 가족 간 경제적 불평등을 완화하는 효과를 가져오는가? 둘째, 기혼 여성들의 노동 생애 경로의 유형은 어떻게 나타나며, 어떤 특성을 보이는가? 셋째, 여성의 노동 생애를 규정하는 젠더 요인은 무엇인가? 이상적 노동자로서의 헌신과 좋은 어머니에게 요구되는 헌신이라는 상이한 도덕적 틀schema 사이에 갇힌 여성의 딜레마는 노동 경로에 어떤 영향을 미치는가?

1. 기혼 여성 노동과 계층

5장에서 살펴보았듯이 한국의 연령대별 여성 고용률은 20대에 취업한 후 30대에 경력이 단절되는 M자형 곡선을 보이고, 특히 결혼, 자녀 출산 및 양육 부담이 높은 30대 고용률이 낮아 자녀 출산과 양육으로 인해 노동시장을 이탈하는 여성의 경력 단절 현상이 지속되고 있음을 알 수 있다. 이런 맥락에서 기혼 여성의 노동은 젠더 규범과 질서의 변화를 볼 수 있는 중요한 주제이다. 이 절에서는 기혼 여성 노동이 개인과 가족의 계층적 조건과 어떻게 결합하는지 다음의 두 가지 질문을 중심으로 논의한다. 첫째, 사회 경제적 조건에 따라 여성 노동의 특성은 어떤 차이가 있는가? 둘째, 여성의 임금 노동이 가구 소득에 어떤 영향을 미치는가?

기혼 여성 고용의 특성

기혼 여성 고용의 특성을 연령, 학력, 소득 계층별로 기존의 자료에 근거하여 간략히 살펴보자. 기혼 여성의 연령별 경제 활동 참여 양상을 보면, 40~59세 여성들의 참여율이 30~39세 여성들보다 높다. 한편 지난 20여 년 동안 25~39세 연령 구간에서 참여율의 변화를 볼 수 있는데, 2000~2010년에는 25~29세 여성들의 참여율이 가장 낮지만, 2019년에는 35~39세 여성들이 가장 낮다. 이는 여성의 초혼 나이와 첫 자녀 출산 연령의 상승 추세와 관련이 있다. 기혼 여성 고용은 학력별, 소득 계층별로 차이가 있는데, 과거와는 달리 학력이 높고 소득이 높은 계층 여성들의 고용이 빠르게 증가하고 있다. 2020년 교육 수준별 유배우 기혼 여성 고용률을 보면 전문대졸(58.3%)이 가장 높고, 다음은 대졸(57.6%), 고졸(54.2%)의 순이다.[5] 2000년 이후 유배우 기혼 여성의 고용은 증가하고 있는데, 고졸 이하와 전문대졸의 고용률은 비슷한 수준에서 상승하는 반면, 4년제 대졸 이상 고용률은 꾸준히 증가해 가장 빠른 상승을 보였다(정성미, 2018: 16). 이러한 고용의 변화

---

5 한국여성정책연구원, 『한국의 성인지 통계』, 해당년도.

는 고학력 고소득 계층에서 이인 부양 가구가 증가할 가능성을 말해준다.

국내에서 발표된 소득 계층별 여성 고용률 분석은 대상 시기별로 차이는 있지만 대체로 남편 소득이 낮은 구간의 여성 고용률이 높고, 높은 구간의 여성 고용률이 낮다는 데 일치된 견해를 보였다. 그러나 최근에는 고소득층 여성의 고용률 증가폭이 큰 것으로 나타나 앞으로 고소득층에서 맞벌이가 증가하고 가구 간 경제적 불평등이 심화될 것으로 예상된다. 윤자영(2012)은 1999년에서 2006년까지의 자료를 분석한 결과 저임금 남편이나 고임금 남편을 둔 여성들의 고용률은 증가하고 중간 정도의 임금을 받는 남편을 둔 아내의 고용률은 감소했다고 했다. 장지연·전병유(2014: 233)는 1998년부터 2013년까지의 통계청 가계조사 자료 분석을 토대로 상위 30% 소득 계층에서 이인 소득자 가구의 증가세가 뚜렷하고, 2004년 이후 남성 생계부양 가구 비중은 감소하고 이인 소득자 가구 비중이 증가했음을 주장했다. 하위 30% 소득 계층에서도 남성 생계부양 가구의 비중이 감소하고, 한부모 가족과 기타 유형이 증가하는 추세가 나타났다.

한편 남편의 소득 분위가 낮을수록 여성 고용률이 증가하는 현상은 2008년 금융 위기 이후 두드러지기 시작했다는 연구 결과가 있다. 2000년 이후 한국노동패널 자료를 분석한 정성미(2020: 15-16)는 남편이 저소득이면 여성의 고용률이 높고 증가폭도 크다고 했다. 고소득 구간의 여성 고용률은 상대적으로 낮은 편으로 나타났지만, 2008년 금융 위기 이후 고소득 구간의 고용률 증가폭이 저소득 구간의 고용률 증가폭보다 크게 나타났다. 이처럼 기혼 여성의 임금 노동은 계층별로 다른 양상이 나타나는데, 최근에는 고소득 가구에서 맞벌이 가구의 비중이 증가하고 있으며 저소득층에서는 한부모 가구가 증가하는 추세를 보여서 여성의 노동시장 참여와 가구 소득 불평등 심화가 동시에 나타날 가능성을 볼 수 있다. 이는 부부가 모두 소득 활동을 해야 상위 소득 계층에 들어갈 수 있으며, 반대로 저소득층에서 한부모 가구[6]나 무직 가구가 차지하는 비중이 증가했다고 해석할 수 있다.

노동시장 내부적 특성과 가구 소득

일반적으로 여성의 노동시장 참여는 젠더 질서에 균열을 일으키고 여성과 남성 간의 불평등을 약화시키지만, 동시에 계층별 여성 고용의 성격과 노동시장 내부의 차이로 인해 가족 간의 소득 불평등은 심화될 수 있다. 고학력 고소득층 여성의 취업률이 낮고, 저학력 저소득층 여성의 고용률이 높았던 과거에는 여성 취업이 가족 간 불평등을 완화할 수 있었다. 저소득층 여성의 노동시장 참여가 상대적으로 더 활발하므로 여성의 임금은 저소득층 가족의 부족한 소득을 보충하는 효과를 가져온 것이다. 그러나 고학력 여성의 취업 증가와 노동시장 양극화 추세가 결합하여 직종, 임금 등에서 여성들 간의 격차가 더욱 커지고 있다. 특히 저임금 여성 노동자는 노동시장에서 불리한 위치에

6 2018년 여성가족부 「한부모 가족실태조사」에 따르면 한부모 가구의 월평균 소득은 월 219.6만원으로 2018년 전체 평균 가구 가처분소득(389.0만원)의 56.6% 수준이다. 또한 한부모 가구의 절반에 가까운 46.0%가 저소득 지원 가구이다.

있는데, 성별 임금 격차[7]로 인해 남성에 비해 상대적으로 저임금을 받게 될 가능성이 크고, 낮은 학력과 경쟁력으로 고학력 여성들과 비교해 임금이 낮고 불안정한 일자리에 취업하게 될 확률이 높다. 저학력 저소득층 여성들은 불안정한 저임금 일자리에 취업하여 높은 소득을 올리지 못하는 데 반해, 고학력 여성들은 안정적이고 높은 임금을 받는 좋은 일자리에 취업할 가능성이 커 여성들 간의 소득의 차이가 더욱 벌어지게 되고 이는 가구 소득의 불평등으로 이어질 수 있다.

한편 교육적 동질혼이 경향이 강한 우리 사회에서 고학력 부부와 저학력 부부의 소득 격차로 인해 가구 소득 불평등이 오히려 강화된다는 주장이 있다(석재은 · 노혜진, 2013). 여성의 경제 활동이 계층적 지위와 상호 영향을 미침으로써 결과적으로 가족 간의 불평등이 강화되고(김이선 · 박경숙, 2019; Damaske, 2011), 동질혼의 결혼 행태는 불평등을 더욱 심화시킨다. 취업과 결혼을 둘러싸고 나타나는 여성들 간의 내부적 차이가 가구 소득의 불평등을 이끄는 것이다. 개별 가족의 상황에서는 여성 취업이 가구 소득을 증가시키지만, 계층에 따른 여성 노동자의 내부적 차이로 가구 간 불평등을 악화시키는 결과가 나타난다(김영미 · 신광영, 2008).

여성 노동이 가구 소득에 미치는 영향은 소득 기여도를 통해서

7 2020년 남성 대비 여성 임금 비율은 67.7%로 심각한 성별 임금 격차가 존재한다(e-나라지표. https://www.index.go.kr/potal/main/EachDtlPageDetail.do?idx_cd=2714)). 그러나 남성과 여성의 임금 격차는 연령층에 따라 다르게 나타나는데, 연령이 높아질수록 임금의 차이가 커진다. 50대 여성 노동자는 평균적으로 남성 임금의 절반(47.6%)에도 미치지 못하는 소득을 올리는 것으로 나타났다(한겨레, 2021. 8. 3. “20대 180만원, 50대 3150만원…남녀 소득격차 키운 ‘경력 단절’”).

도 볼 수 있다. 2000년대 중반 이후 여성 배우자의 소득 기여도는 모든 소득 계층에서 꾸준히 높아지는 추세이다. 여성 배우자 소득 비중은 2006년 13.4%에서 2015년 15.4%로 높아졌다. 소득 계층별로 보면, 소득이 높을수록 여성 배우자의 소득 기여도가 높다. 가장 소득이 낮은 구간인 1분위의 여성 배우자의 기여 비율은 2006년 5.8%에서 2015년 7.4%로 상승했고, 5분위의 경우에도 같은 기간 16.2%에서 19.7%로 상승했다(박정수, 2016). 이러한 차이는 여성들의 취업 지속 여부에 일부 기인한다. 경력 단절 여성들의 가구 소득 기여도는 낮은 수준이며 세대별 차이가 거의 없는 반면, 취업을 지속한 여성들의 소득 기여도는 최근 코호트, 즉 상대적으로 젊은 세대에서 남편과 대등한 수준으로 변화했다. 이는 노동시장 참여 지속성이 여성의 경제적 독립성을 담보할 가능성을 보여주는 것이다. 그러나 여성의 경제적 독립은 고학력·정규직·고임금이라는 세 가지 조건이 확보되어야만 가능해진다. 이는 기존의 젠더 질서의 변화가 고학력 고소득층에서 먼저 나타나면서 계층 편향성을 보이는 것이다(이순미, 2014).

학자들은 가족 간의 소득 불평등이 기혼 여성의 취업으로 인해 더욱 심화한다는 담론은 시기적으로 차이가 있다는 점을 강조한다. 과거에는 중간 계층에서는 남성의 생계 부양이 일반적이고 저소득 계층에서 여성의 취업이 가구 소득을 보완하는 역할을 했다. 그러나 20세기 후반부터 중간 계층 여성의 취업 증가가 저소득층과의 소득 격차를 심화시키는 요인 중 하나로 지적되었다(장지연·전병유, 2014: 223-224). 최근 미국 사회에서도 중간 소득 계층 이상에서 여성들이 경제활동을 시작함으로써 가족 간 불평등이 다시 심화되는 현상이 나타나고 있다(Damaske., 2011). 기혼 여성의 경제 활동이 가구 소득 분포를 다소나마 균등화하는 효과는 점차 감소하고 있으며, 가구 소득 불평등에 대한 여성 배우자 소득의 기여는 점차 증가하고 있다. 1990년대 말 IMF 외환 위기 이후 기혼 여성이 집중된 단순 서비스직 일자리의 질적 저하와 여성 노동시장의 이중 구조로 인해 여성들 간의 차이가 심화된 결과이다. 즉 노동시장의 양극화로 인해 저소득층 기혼 여성의 열악한 일자리는 해당 개인의 경제적 문제에 그치지 않고 사회적 불평등의 재생산 단위인 가족 간 소득 불평등을 악화시킨다(김영미 · 신광영, 2008). 다시 말해 남성 홀벌이였던 가족에서 여성이 노동시장에 참여함으로써 가구 소득이 늘어나지만, 여성들 간의 임금 차이로 소득 증가폭은 계층별로 다르게 나타나고, 결과적으로 가구 소득의 격차를 벌리게 된다. 여성은 임금 노동을 통해 경제적 주체가 됨으로써 젠더 평등에 다가가지만, 노동시장의 양극화에 기인한 여성들 간의 차이는 가구 소득 불평등이라는 의도치 않은 결과와 만나게 된 것이다.

2. 여성 노동 생애 경로의 유형

노동 생애 경로는 노동시장의 진입과 중단 또는 퇴장이 결정되는 계기와 사건을 하나의 경로로 파악하는 것이다. 남성의 노동 생애는 노동시장 진입에서 은퇴까지 연속적인 과정이었다면, 여성은 생애과정에 따라 진입과 퇴장이 반복되는 불연속적인 특징을 보인다. 여성의 노동 생애는 가족의 생애과정이 영향을 미치며 계층적 조건과 상호 연결된다. 여성의 노동 생애 경로는 크게 세 가지 유형으로 나눌 수 있다.

첫 번째 유형은 노동시장에 지속적으로 참여하며 경력을 유지하는 경우이다. 장기 지속형(이정희, 2019), 일·가정 양립형(김이선·박경숙, 2019), 맞벌이 지속형(이순미, 2014)으로 불린다. 이 유형의 특징은 계층으로는 중산층에 속하며 대학 중퇴나 대학 졸업의 고학력 여성이다. 전문직·관리직 종사자, 대기업 정규직인 사무직 종사자 등이 포함된다. 이 유형에 속하는 기혼 여성의 비율은 높지 않은데,[8] 이들은 경제력, 친족 자원을 포함한 가족의 지원을 통해서 경력을 유지한다. 이들에게는 좋은 조건의 일자리와 가족의 지원이 필수적이다(이재경·이은아·조주은, 2006). 중산층 기혼 여성의 경우 육아에 도움을 줄 수 있는 조력자 유무가 취업 지속에 영향을 준다. 친정어머니나 시어머니와 같은 친족의 조력이 있으면 경력 단절의 가능성이 낮아지고, 출산 후 빠르게 직장으로 복귀한다(조명희·김세현, 2017: 268). 일·가족 갈등의 계층별 차이는 심층면접 자료[9]를 토대로 논의한 이재경·이은아·조주은(2006: 51-54)의 연구 사례에서 전형적인 모습을 볼 수 있다. 외국계 제약회사 사장 비서인 정현주가 경력을 지속할 수 있는 배경에는 친정과 시집 양가의 전폭적 지원이 있다.

---

8 김이선·박경숙(2019)은 일·가정 양립형은 전체 4,000여 명 중 9% 수준이며, 가장 비율이 높은 유형은 경력 단절을 나타내는 M자형이라고 한다. 그러나 2000년대 이후 결혼한 상대적으로 젊은 세대에서도 경력 단절형의 비율이 여전히 높은 편이지만 일·가정 양립형도 꾸준히 증가하는 추세이다.

9 2004년에 진행한 면접 자료이지만 현재 상황과 매우 유사하며, 기혼 여성 노동자의 전형적인 모습이라 지금 시점에서도 적절한 사례로 볼 수 있다. 이 장에서 인용한 사례는 모두 이재경·이은아·조주은(2006)의 면접 자료이며, 가명을 사용했다.

> 저는 굉장히 운이 좋은 케이스인 게, 시댁이랑 친정이 다 근처에 있어 가지고, 특히 제가 이쪽으로 왔죠. 왜냐하면 다른 사람들한테 맡기거나 다른 데 맡기면 불안해서 못 다닐 거 같더라구요. 그래서 다행히 저는 운이 좋은 게 시댁에서도 많이… 요즘 부모님들은 잘 안 봐주신다고 주위 사람들은 굉장히 고생을 많이 했는데, 애들에 대한 부분은 좀 남들한테 맡기는 것보다 마음이 놓인… 그 부분이 있죠. 아무래도 결혼을 하면은 요즘에 직장 여성들이 많아서 다 친정 근처에 산다고 하잖아요, 아이들 때문에(정현주, 37세, 제약회사).

두 번째는 경력을 단절한 후 시간이 지나 재취업을 하는 소위 M자형 또는 경력 단절형이다. 중산층이나 저소득층 모두에서 이러한 유형이 나타나며, 가장 많은 여성의 노동 생애이면서, 노동시장과 가족을 오가며 갈등을 겪는 유형이다. 중산층이라 하더라도 전문직보다는 사무직 종사자가 주로 이 유형에 속한다. 이들이 경력을 단절하게 되는 주된 원인은 자녀 출산과 양육으로 일을 계속하기 어려워서이다. 많은 기혼 여성은 스스로의 선택으로 취업을 중단하지 않으며, 직장의 경직성, 가족 지원의 부족, 공공 정책의 실패, 직장에서의 편견으로 인해 노동시장에서 내몰리고 있다(Williams, Manvell and Bornstein, 2006: 7-9). 노동시장에서 이상적 노동자 규범이 작동하는 한 여성에게 임금노동과 가족생활은 양립하기 어려운 문제이다. 「2018년 전국 출산력 및 가족보건·복지 실태조사」 자료의 분석 결과를 보면, 여성들은 출산 전후로 이직하는 비율이 높다. 취업 여성이 자녀 임신 후 다음 자녀 임신 전까지 하던 일을 그만두고 다른 일을 했거나 일을 하지 않은 비율은 첫째 자녀의 경우 65.8%, 둘째 자녀 46.1%로 나타났다. 일을 그만둔 시기는 임신 후 출산 전까지가 가장 많았으며, 일용 근로자가 상용 근로자에 비해 이직률이 높았다(이지혜, 2019: 60-64). 대다수의 경력 단절 여성들은 노동시장을 떠난 후 다시 진입하려고 할 때 이전과 같은 수준의 일자리를 얻기 어려워 하향 취업을 하게 된다.

세 번째는 노동시장 진입과 퇴출을 반복하는 불연속 취업 유형이다. 주로 저소득층 여성의 노동 경로인데, 이들의 간헐적인 취업은 노동시장에서 불리한 위치를 점하게 만들고, 이러한 지위의 누적은 노동시장에서의 지위를 더욱 열악하게 만든다(김효정, 2010; Damaske, 2011). 주로 서비스·판매직 종사자나 단순 노무직 종사자가 이 유형에 속한다. 고용이 불안정한 서비스·생산직 여성 노동자들은 쉽게 일을 그만둘 수 있고, 그만두도록 요구되기도 한다. 그러나 퇴직하더라도 원하면 언제든지 동일 직종에 같은 일을 구할 수 있으므로 경력 단절이 이들 여성에게 큰 의미를 갖는 것은 아니다. 이재경·이은아·조주은(2006: 51-54)의 연구에서 불연속 취업 사례를 볼 수 있다. 식당 카운터에서 일하는 이은주는 고등학교 졸업 후 식당 일부터 시작해서 전문대를 중퇴한 후에 각종 아르바이트, 판매직, 커피숍 서빙, 도배 등 직종으로 따지면 10가지가 넘는 일을 해왔다. 그러나 자녀 출산 후 잠시 전업주부로 있었던 이은주는 평생 전업주부로 살겠다는 생각은 하지 않았다고 한다.

> 그때는 결혼하자마자 임신을 했기 때문에 아이가 태어나서 최소한 어린이집에라도 보낼 수 있는 연령이 되거나 아니면 누구한테 맡

겨야 되는데, 그때는 양가 부모도 없고 주변에 지인이 있는 것도 아니고 다른 경제적 조건도 안 되니까 최소한 어린이집이나 놀이방에 보낼 수 있을 때까지는 어쩔 수 없이 육아를 감당해야만 했죠. 그래서 직업을 갖지 못했던 거고 일 년 넘게 전업주부 생활을 했던 거예요. 하면서도 계속 갖고 있던 생각은 일하고 싶다는 생각이었지요(이은주, 40세, 식당 카운터).

이처럼 고용 지위가 불안정하고 돌봄 노동을 대체할 만큼의 풍부한 자원을 소유하지 못한 여성들은 노동시장 진입·퇴장을 반복하고 있다.

노동 경로의 차이는 여성의 교육 수준, 가족의 사회 경제적 수준, 일자리 조건, 출산, 육아 관련 휴직 및 지원 제도, 친족의 양육 지원 등의 복합적인 조건에서 차별화된 선택의 결과로 볼 수 있다. 그러나 이러한 선택의 이면에는 계층적 차이가 나타나고 있다. 즉 일과 가족 생활을 병행할 수 있는 자원을 가진 여성들이 일·가족 양립형을 유지하고, 그렇지 못한 여성들이 경력 단절로 노동 생애 유형 전환을 경험하고, 그중에서 가족에게만 머무를 상황이 되지 않는 여성들이 다시 열악한 일터로 나오게 되는 것이다(김이선·박경숙, 2019). 이은주의 사례처럼 경력 단절 이후 다시 재취업을 하는 여성들은 그렇지 않은 여성에 비해 사회 경제적 지위가 낮을 가능성이 크다.

이러한 현상은 미국에서도 유사하게 나타난다. 여성 노동 경로work pathway의 계층적 차이를 세 가지 유형으로 분석한 더마스키(Damaske, 2011: 16)는 중간 계급의 여성은 결혼이나 출산 여부에 상관없이 노동

시장에서 지속적으로 일하는 비율이 높은 반면, 노동 계급 여성은 자녀 양육기에 노동 시간을 줄이거나, 간헐적이며 비연속적으로 일하는 비율이 높다는 점을 확인했다.

계층에 따른 노동시장 조건의 차이 역시 기혼 여성의 경력 단절에 영향을 미친다. 육아휴직제, 육아기 근무시간 단축제, 가족돌봄휴가, 유연근무제 등 일·생활 균형 제도를 시행하는 기업이 증가하고 있지만, 대부분 정규직을 대상으로 대기업에 도입되어 있다. 2018년 육아휴직자의 65.0%가 종사자 규모 300명 이상의 기업이나 공공 기관에서 일하고 있는 것으로 나타났다. 육아휴직자가 육아휴직을 마치고 복직 후 1년 이상 동일 사업장에 근무하는 비중도 79.1%로 높다. 이는 직장의 육아휴직지원제도 유무가 노동자의 직업 안정성에 영향을 미칠 수 있음을 의미한다.[10] 육아휴직 사용의 남녀 차이가 여전히 크지만, 남성의 육아휴직 사용도 공공 부문이나 대기업 중심으로 활용되고 있어, 기업 규모별 양극화 현상이 나타나고 있다.[11] 반면 저소득층 남녀 노동자들이 종사하는 일자리는 장시간 노동, 부정기적이고 짧은 휴일, 충분하지 못한 출산 휴가, 육아휴직제의 부재 등으로 인해 가족이 필요로 하는 돌봄을 수행하기 어렵다. 이들은 대체 인력을 고용하거나 주변 사람들의 지원도 받기 어렵고, 일·가족 갈등을 완화시키는 데 사용할 수 있는 물질적, 제도적 자원들이 매우 부족한 현실이다.

맞벌이 가구의 유형도 계층에 따라 다르다. 이순미(2014: 26-39)는

10 통계청, 「2019 일·가정 양립지표」, 2019.
11 서울신문, 2020. 1. 23. "아빠 육아휴직 2만명 넘었지만… 절반 이상은 대기업", https://www.seoul.co.kr/news/newsView.php?id=20200123020024.

가구 생계 부양 유형을, '남편 외벌이형', '일시적 맞벌이', '맞벌이 지속형'으로 분류했다. 조사 대상 부부 중에는 남편 혼자 생계를 부양하는 외벌이형의 비율이 가장 높고, 다음은 일시적 맞벌이와 맞벌이 지속형의 순이었다. 고학력 부부들은 '남편 외벌이'와 '맞벌이 지속형'으로, 저학력 부부들은 '남편 외벌이'와 '일시적 맞벌이'로 차이가 있었다. 아내가 가족 역할로 경력을 단절하지 않는 '맞벌이 지속형'은 앞에서 언급한 첫 번째 유형이며, 고학력 정규직 여성의 노동 생애 유형이다. 여성들의 노동 생애 과정은 노동시장의 성차별과 여성들 간의 내부적 차이, 그리고 가족의 계층적 지위가 결합한 결과로 볼 수 있다.

3. 도덕적 딜레마: 이상적 노동자와 좋은 어머니

이상적 노동자good worker로서의 헌신과 좋은 어머니good mother로서의 헌신에 대한 젠더화된 도덕적 틀schema과 문화적 기대는 많은 일하는 어머니들을 딜레마에 처하게 한다. 헌신에 대한 도덕적 틀은 사회적으로 널리 공유되는 당연시된 기대와 믿음으로 구성되며, 이를 내면화한 사람들의 행동에 대한 규범적 각본 또는 지침을 제공한다. 이상적 노동자로서 일에 대한 헌신은 자신의 경력을 위해 오랜 시간과 엄청난 에너지를 쏟는 것을 의미하는데, 결과적으로 높은 소득, 소속감과 정체성으로 보상된다. 반면 가족에 대한 헌신은 결혼과 모성을 여성의 주요 역할로 규정하고 자녀를 위해 집중하는 시간과 정서적 몰

입을 요구하며, 자녀들의 필요는 다른 모든 책임보다 우선되어야 함을 의미한다. 그러나 이상적 노동자는 남성 중심적이며, 좋은 어머니는 이성애 결혼으로 이루어진 중산층 가족이 모델이다. 이상적 노동자로서의 헌신과 좋은 어머니에게 요구되는 헌신이라는 서로 다른 도덕적 틀 사이에 갇힌 여성의 딜레마는 노동 생애와 선택에 영향을 미친다. 일하는 여성들은 직장과 가족 사이에서 헌신을 둘러싼 갈등을 겪지만, 이들의 딜레마는 계층에 따라 다르며, 따라서 선택의 의미도 다르다(Hennesy, 2015).

일과 가족생활에 관한 선택과 결정은 시간과 자원을 결합, 분배하는 문제이기도 하지만 이상적 노동자와 좋은 어머니에 대한 상이한 도덕적 틀과 문화적 기대로 인한 갈등 과정에서 형성된다(Williams, 2010). 예를 들어 전문직 및 중산층 어머니가 일터를 떠날 때는 자녀를 위한 이타적인 행동으로 간주되지만, 가난한 어머니가 가족의 요구로 인해 일을 그만둘 때는 무책임한 것으로 여겨진다. 중산층 중심의 도덕적 틀은 저소득층 여성을 이기적이며 무책임한 어머니로 만들게 된다. 저소득층 어머니가 생계를 위한 일을 하지 않고 전업 어머니가 되는 것도 무책임한 것이며, 장시간의 노동으로 자녀를 돌보지 못할 때도 비난받는다. 어떤 선택을 하든 헌신의 도덕적 기준을 충족시키지 못하는 것이다.

흔히 중산층 여성들은 일과 가족 사이에서 선택을 한다고 말해지지만, 이들의 '선택'은 구조적인 제약 아래 취하는 행위이고, 의미도 복합적이다. 중산층 여성의 '선택'이 갖는 의미는 2000년대 초·중반 미국에서 나타났던 '자발적 퇴직opt-out'에 대한 논쟁이 좋은 예이다. 미디어에서는 고학력 전문직 여성이 어머니 역할에 헌신하기 위해 스스로 퇴직해 가정을 '선택'했다고 칭찬했지만, 페미니스트 학자들로부터 현실에 대한 왜곡이라는 비판을 받았다(신경아, 2010). 스톤(Stone, 2007)은 고학력 엘리트 전문직 여성들이 가정으로 돌아가는 현상을 침묵 파업silent strike이라고 했다. 이들의 선택은 자녀와 가족 때문이 아니라, 일터에서 유연성을 확보하는 데 실패했기 때문이라고 설명한다. 출산과 육아를 지원하는 제도는 있지만, 출산 후 다시 일하게 될 때 노동시간이나 근무 형식을 유연하게 조정하기도 어렵고, 회사의 비타협적이고 경직된 관행으로 여성은 직장에 헌신하지 않는 노동자라는 낙인을 얻게 된다. 이런 상황에서 고학력 전문직 여성들은 비타협적인 직장을 떠나는 침묵의 파업을 실행함으로써 자존감과 명예를 지키고자 하는 것이다. 이들은 전통적 성 역할 규범에 전적으로 동의하는 것은 아니지만, 젠더화된 사회적 기대에 부응하여 일에 대한 불만이 아니라 자녀에 대한 의무를 퇴직의 이유로 들었다. 그러나 가정으로 돌아가기 위해 일을 그만두는 것이 선택이라는 그들의 설명은 기존의 젠더 규범을 지지하게 되는 결과를 낳는다. 이러한 담론은 전통적 모성을 강화할 뿐 아니라 노동시장에서 내몰리면서도pushed-out 육아에 전념할 수 없는 저소득층 여성들을 이기적인 여성으로 낙인찍는 계층적 편견을 만들게 된다(Williams, 2010).

젠더 규범은 남녀를 가를 뿐 아니라 중산층 전문직 어머니와 저소득층 어머니의 일·가족 선택에 각기 다른 영향을 미친다. 직장에 헌신하면서 동시에 가족에 헌신하는 것은 불가능하다. 모든 계층의 어머니들은 자녀나 가족을 위해서 일한다고 하지만 그 내용은 같지 않다.

한국 사회에서 중산층 어머니는 자녀에게 최고의 교육과 좋은 환경을 마련해주기 위해서, 저소득층 어머니는 최소한의 양육을 제공하기 위해서 일한다고 한다. 이재경 · 이은아 · 조주은(2006: 58-60)의 연구 사례를 보면 자녀 양육비가 많이 드는 우리 사회에서 상대적으로 높은 지위와 보상이 주어지는 일을 하는 전문·중간 관리직 여성들에게도 일은 어머니 역할과 분리되지 않는다. 노무사인 유정현은 2004년 면접 당시 연봉 6,000만원 이상의 높은 임금을 받으며 자신의 직업에 큰 만족을 하고 있었다. 자녀는 친정 부모가 전적으로 돌봐주고 있어서 주말에 친정에 가서 아이들을 만나고 돌아온다. 일상의 육아에서 완전히 면제되는 경우이다.

> 어쨌든 이 일을 하는 데 만족을 하고 재밌어요, 일 자체가. 여기서 얻는 기쁨이 24시간 생활하는 것 중에 상당 부분 차지하구요. 굉장히 만족감도 있고. 그담에 경제적인 이유도 무시할 수는 없는 것 같아요. 우리 애한테도 부족함 없이 키워주고 싶은 그런 마음이 있고…(유정현, 노무사, 32세).

앞에서 인용한 식당에서 근무하고 있는 이은주의 경우는 자녀가 팔이 부러져 울면서 엄마가 일하는 일터로 와도 구석에 눕혀 놓고 일한다. 일하는 여성들은 출근시간에 맞추기 위해 자는 아이를 깨워 아침밥도 제대로 못 먹이고 어린이집에 데리고 가게 된다. 자녀를 제대로 돌보지 못한다는 미안함이 있지만 최소한의 어머니 노릇을 하기 위해서는 경제적 보상이 주어지는 일을 해야만 한다. 남편의 사업 실패로 식당에서 서빙 일을 하는 신정희는 일과 가족의 갈등에 관해서 이야기한다.

> 갈등은… 어차피 내 현실이니까 난 그걸 긍정적으로 받아들여요. 부정적으로 생각하면 끝도 없고 진짜… 엄마니까…. 나는 아내 자리보다 엄마 자리가 더 커요. 엄마 자리가 더 크기 때문에 아이들을 위해서 희생하는 거죠. 걔네들이 없으면 내가 일하는 의미가 없는 거고. 아이들 없으면…(신정희, 식당 서빙, 46세).

저소득층 여성들에게 경제적 어려움은 자녀의 양육비와 교육비와 직결되기 때문에 '일'은 어머니 노릇의 일부를 구성한다. '잘 먹이고, 잘 입히고, 제대로 교육시키고 싶다'로 표현되는 이들의 취업 동기는 일·가족 갈등을 완화하기도 하지만, 자신을 '부족한 어머니'로 인식하게 만드는 양가적인 면이 있다. 이들에게 노동은 포기할 수 없는 생존의 의미이자 어머니 역할을 위한 필수 조건이다. 좋은 어머니 역할은 경제적인 여건이 충족될 때까지 잠시 보류될 수 있는 것이다. 그러면서도 생계유지를 위해 노동하는 어머니들은 좋은 어머니가 되는 데 필요한 시간이나 경제력, 그리고 교육과 관련된 지식이 부족하다고 미안해한다. 물론 중산층 취업 여성들도 시간의 부족으로 집중적 모성의 이상을 완벽히 실천하지 못하지만, 저소득층 어머니들이 느끼는 '부족함'의 의미는 다르다. 경제력이나 저학력으로 인한 지식의 부족으로 '완벽한 어머니'가 될 수 없으며 결과적으로 '부족한 어머니'가 된다(이재경, 2004: 100-102). 한편 생계부양자 남성이 부재한 한부모 가족의 여성들은 어머니 역할을 재정의한다. 한부모 가족 어머니들의 모성 또는 어머니 노릇의 내용은 양육자인 동시에 일차적인 생계부양자로 확장되는 것이다. 이들은 생계 부양을 하는 어머니로서 때로는 집중적 어머니 노릇을 다하지 못하는 것에 죄책감을 느끼기도 하지만, 생계 부양자의 역할을 모성의 일부로 규정하기도 한다(조혜련, 2003: 김경애, 1999).

두 계층의 여성들은 직종에 상관없이 일을 통한 사회적 인정과 관계망에 대한 욕구가 있으나 노동자로서의 정체성은 가족 내 아내·어머니 정체성과 갈등하고 경합하며 불안정하게 구성된다. 두 계층의 여성들은 일하는 것이 자녀들을 경제적으로 지원할 수 있는 어머니 역할과 모순되지 않는다고 인식함으로써 헌신을 둘러싼 도덕적 딜레마나 일·가족 갈등을 해결하고자 한다(이재경·이은아·조주은, 2006). 그러나 풍부한 경제적 자원을 배경으로 돌봄 노동을 다른 사람에게 유급으로 위임할 수 있는 전문·중간 관리직 여성들과는 달리 저소득층 어머니들은 불안정한 고용 환경과 육아와 돌봄 공백 사이에서 어려움을 겪는다. 불안정한 노동 환경은 헌신적 노동자로서 위치를 확립하기 어렵게 하고, 동시에 경제적 자원과 시간 부족으로 인한 육아와 돌봄의 공백은 헌신적 어머니에 대한 도덕 기준에 도달하기 어렵게 한다.

이처럼 계층에 따른 여성들 간의 차이는 이상적 노동자와 좋은 어머니를 둘러싼 이들의 딜레마를 다른 방식으로 표출시킨다. 좋은 어머니에 대한 기대와 갈등은 여성들 내부에서 다양하게 나타나고 있으며, 일관적이지 않고 모순적이기도 한 양상으로 나타난다. 그러나 여성들이 어떠한 선택을 하든 이상적 노동자로서의 헌신과 좋은 어머니에게 요구되는 헌신을 모두 충족하기 어렵고, 여성들은 주어진 자원과 역량을 동원하여 선택하고 갈등하면서 일과 가족생활을 관리한다.

한편 남성의 경우 헌신적인 노동자 규범과 좋은 아버지 규범이 분리되지 않는다. 최근 좋은 아버지에 관한 이야기들도 나오고 있지만, 이는 아버지로서의 사회적, 이상적 규범이라기보다는 여러 아버지 유형 중 새로운 유형의 하나로 등장한 것이다. 남성 생계부양자 모델은 20세기 이후 규범적 지배력을 잃어왔지만, 한국에서는 아직까지 남성 생계부양자 가족의 비중과 영향력이 상당하다(신경아, 2014). 좋은 아버지가 되는 것과 헌신적 노동자가 되는 것이 분리되지 않는 상황에서 남성은 여성이 겪는 일과 가족생활 간의 갈등을 경험하지 않는다. 가족에 대한 돌봄 책임을 다하지 못해도 헌신적인 노동자로서 생계부양자로서 해야 할 역할을 충실히 수행한다면 좋은 아버지로서의 도덕적 기준을 충족할 수 있기 때문이다. 맞벌이 중간 계층 아버지를 연구한 나성은(2014)은 자녀 양육에 참여하는 아버지들이 구성하는 부성, 즉 생계부양자 역할에서 벗어나 있지 않으며 '남성'이라는 젠더 지위를 기반으로 '돌보는 아버지'가 되어가는 과정을 '신도구적' 부성이라고 했다. 이와 같이 좋은 부모와 이상적 노동자를 둘러싼 도덕적 딜레마는 젠더화되고, 계층화된 형태로 지속되고 있다.

에필로그

가부장제 이후를 상상하며[1]

이 책에서는 산업화 이후 가족 변화의 흐름을 부계 가족주의와 핵가족이 결합한 신가족주의neo-familism에서 개인화 추세와 가족주의가 공존하는 포스트가부장제post-patriarchy로 이동하는 것으로 보았다. 신가족주의는 산업화 이후 핵가족의 이상과 대가족적 연대가 병존하는 현상을 말한다. 반면 1990년대 중·후반부터 나타난 후기 근대적 가족 형태에서는 개인화 경향과 성별 분업의 약화에도 불구하고 가족 지향성이 나타나는데, 이를 이 책에서는 포스트가부장제로 규정했다. 포스트가부장제는 전통적 가부장제 이후 단계를 말하지만, 가부장제가 완전히 소멸하는 것을 의미하지는 않는다. 21세기에 들어서면서 가부장적 가치의 사회적 의미나 영향력은 퇴색했다. 특히 가부장제의 이념적 근거인 호주제가 폐지되고, 여성의 성평등에 대한 욕구 변화와 노동시장 참여 증가로 나타난 젠더 질서의 균열이 가부장제의 쇠퇴를 이끌

1 이 장은 이재경(2021; 2013)과 이재경·김경희(2012)의 내용 일부를 발췌·보완한 것이다.

고 있다. 그러나 이러한 변화에도 불구하고 결혼과 가족생활에서 근대 젠더 규범 체계는 해체되지 않고 있어, 가족 내 성평등 실현에 장애가 되고 있다. 이제 지금까지 이 책에서 살펴본 후기산업사회 한국 가족의 변화에 대한 해석을 바탕으로, 가부장제 이후 미래 가족을 상상하며, 가구 구성원들 간의 평등하고 자유롭고 민주적인 삶이 어떻게 가능할지에 대한 성찰과 전망을 하고자 한다.

출산율 하락, 만혼화 추세, 결혼 감소, 이혼·재혼 증가, 여성 취업 및 맞벌이 가구 증가 등 인구 동태적 변화는 후기산업사회 한국 가족의 특징이다. 이 과정에서 가부장적 가족 규범과 제도적 기반이 약화되고 있지만, 가족이나 사회에서 남성 중심적 관행이 사라지고 있다는 결론을 내리기는 어렵다. 즉 여성의 경제 활동이 성 역할이나 분업에 변화를 가져오면서 기존 젠더 체계에 도전이 되고 있지만, 가정중심성과 이상적 노동자 규범으로 인해 변화의 속도는 더딘 게 현실이다. 특히 일과 가족생활에서 성평등을 추구하는 젊은 여성들이 가족이나 노동시장과 같은 기존 제도와 갈등하면서, 결혼 지연이나 저출산 현상이 표출되기도 한다. 5장에서 논의한 맞벌이 가구에서 이루어지는 젠더 협상은 일 지향적 보수주의 또는 신전통주의 성향이 강한데, 이는 가족의 영역에서 불평등한 젠더 관계가 변화하기 쉽지 않음을 보여준다. 노동시장보다 가족 내 변화가 어려운 이유는 지금까지 여성이 해왔던 가사나 양육의 역할에 대한 낮은 사회적 평가와 경제적 보상으로 인해 남성들은 물론 여성들도 불리함을 감수하면서 가사나 양육의 책임을 지려 하지 않기 때문이다. 즉 근대 노동 중심 사회에서 돌봄 노동은 무가치한 것으로 사회 경제적 보상이 주어지지 않았기 때문에 돌봄의 책임을 지지 않는 것이 오히려 합리적 선택이 된다. 여성이 노동시장에 참여할 때는 임금이라는 강력한 인센티브가 있지만, 남성이 가사나 육아에 참여할 때는 동기를 부여할 유인책이 거의 없다. 따라서 돌봄에 대한 낮은 평가는 남성을 가족으로 끌어오지 못하고, 결과적으로 대부분 전형적인 성 역할에서 크게 벗어나지 못함으로써 남녀의 '역할 공유'나 '성평등'이라는 목표는 허상이 된다.

이처럼 젠더 관계 변화가 지연되는 중심에는 '돌봄care'이 있다. 돌봄은 인간의 삶과 사회의 유지 및 재생산에 필수적인 실천과 행위이다. 재생산이란 임신, 출산 등 생물학적 과정뿐 아니라 타인의 요구나 필요에 반응·공감하거나 실제 타인을 돌보는 행위, 의식주를 지원하는 일상적 재생산을 포함한다. 가족 내 돌봄은 여성의 역할로 여겨져 왔지만, 기혼 여성의 취업 증가로 인해 돌봄의 위기를 초래하게 되었다. 2000년대 이후 여성이나 가족 관련 정책 영역에서 가장 많이 소비되는 용어는 돌봄과 일·가족 양립이다. 이러한 정책 의제는 공과 사, 남성과 여성, 생산 노동과 돌봄 노동, 일과 가족 등 영역과 역할을 분리하는 근대적 성별 분업에 대한 도전이 될 수 있는 급진적 요소를 내포하고 있다. 일·가족 정책에서 핵심적 의제인 돌봄은 지금까지 가족 안에서 여성에 의해 사적으로 이루어져 왔으며 사회적으로 보이지 않는 무임 노동이었다. 이런 조건에서는 돌보는 자가 기회비용을 감당할 뿐 아니라 돌봄 역할은 경쟁 중심의 사회에서 불평등한 조건이 된다(Folbre, 2001). 여성학자들은 일·가족 갈등과 사회적 서비스의 부족이 '돌봄의 위기'를 초래했다고 평가하고 비시장 영역에서 여성이 창출해온 돌봄에 대한 가치 평가와 남성 생계 부양·여성 돌봄 노동이라는 근대적 성별 분업 이데올로기를 해체하는 돌봄 사회로의 재편을 강조한다(조혜정, 2006; 허라금, 2006). 21세기 들어서 우리 사회에서도 돌봄 관련 정책이 시행되고 있다. 보육 재정이나 보육 시설의 확대, 남녀 모두에게 제공되는 출산 휴가나 육아휴직의 확대 등은 정규직 중심이라는 한계는 있지만, 성별 분업을 완화하고 성평등을 강화하고자 하는 노력의 하나로 볼 수 있다. 하지만 이러한 정책적 노력에도 불구하고, 젊은 세대는 결혼과 출산을 주저한다. 평등을 명시한 다양한 정책에도 불구하고 여성들은 불평등한 젠더 관계에 좌절한다. 왜 그런가? 지금까지의 정책이나 사회적 담론은 근대적 틀 안에서 현재의 불평등을 '완화'하고자 할 뿐, 근대 젠더 체계 자체를 '해체'하려고 시도하지 않았기 때문이다.

성 불평등을 완화하는 정책의 한계는 육아휴직제도[2]의 사례에서 볼 수 있는데, 육아휴직의 실제 이용이 저조하고, 이용자 수도 성별로 큰 차이가 있다. 2002년 3,763명에 불과했던 육아휴직자 수는 2020년 112,045명으로 30배 증가했고, 남성 비율은 2002년 2.1%에서 2020

---

2 육아휴직제도는 만 8세 이하 또는 초등학교 2학년 이하의 자녀를 가진 근로자가 자녀 양육 및 돌봄을 위해 신청하여 사용하는 휴직을 말한다. 육아휴직 개시 예정일 전날까지 해당 사업장에서 계속 근로한 기간 6개월 이상인 근로자가 신청할 수 있다. 육아휴직 기간은 1년 이내이며, 한 자녀당 남녀 각각 1년 이내로 신청할 수 있다. 사업주는 임금 지급 의무를 갖지 않으며, 고용센터에서 최대 1년간 육아휴직 급여가 지원된다. 남성의 육아휴직 참여를 높이기 위한 제도로는 2014년 10월에 도입한 아빠육아휴직 보너스제가 있다. 같은 자녀에 대해 부모가 모두 육아휴직을 하는 경우, 두 번째 사용한 사람(주로 아빠)의 첫 3개월 급여를 통상임금의 100%(상한 250만원) 지급하는 제도이다. 2022년부터 육아휴직 급여가 증액되는 등 변화가 있지만, 아빠육아휴직 보너스제는 2022년 말까지 한시적으로 운영되고 폐지될 예정이다(고용노동부, 「대상자별 정책: 여성」, http://www.moel.go.kr/policy/policyinfo/woman/list5.do).

년 24.5%까지 증가했다. 남성 육아휴직자 비율의 증가는 남성의 돌봄 참여와 가족 내 성 역할 규범의 변화와 연관된다고 볼 수 있다. 그러나 육아휴직 이용자 수의 증가를 남녀별로 살펴보면 이용자의 다수는 여성임을 알 수 있다. 2002년 3,685명이었던 여성 육아휴직자 수는 2020년 84,622명으로 이용자 수가 80,937명 증가한 반면, 남성 육아휴직자 수는 2002년 78명에서 2020년 27,423명으로 27,345명 증가하여 육아휴직 이용자의 성별 격차가 나타난다.[3] OECD 평균 남성 육아휴직자 비율은 18.0%로 우리나라와 비슷한 수준이지만, 아이슬란드(45.6%), 스웨덴(45.0%), 포르투갈(44.2%), 노르웨이(40.6%)의 남성 육아휴직자 비율과 비교하면 여전히 낮은 편에 속한다.[4] 한편 육아휴직제도의 도입에도 불구하고 실제 제도의 확산은 제한적이고 이용률도 저조한 수준이다. 육아휴직제도가 대기업에 편중되어 있고,[5] 남성 중심적 조직 문화가 강할수록 남성이 육아휴직을 사용하기 어려울 수 있다. 또한 육아휴직 소득대체율이 낮고, 여전히 존재하는 남성 육아휴직에 대한 부정적인 시선도 젠더와 계층에 따른 육아휴직 접근성과 이용의 불평등을 만드는 데 일조한다. 남성의 육아휴직제도 참여를 끌어내기 위해서는 육아휴직제도의 지속적인 확대뿐 아니라 젠더화된 돌봄 규범의 혁신적 전환이 이루어져야 한다.

---

3 한국여성정책연구원, 『한국의 성인지 통계』, 해당년도.

4 OECD, 「OECD Family Database」, http://www.oecd.org/els/family/database.htm.

5 사업체 규모별로 육아휴직제도 도입 여부를 살펴보면, 2017년 기준 종사자 수 300인 이상 사업체의 경우 93%가 육아휴직제도를 두고 있지만, 종사자 5~9인 사업체는 33.8%만 육아휴직제도를 도입하고 있어 사업체 규모에 따라 육아휴직 기회가 크게 편중되어 있다(통계청, 2019).

지금까지 사회적, 정책적 담론은 '누가' 돌봄 역할을 담당할 것인가에 대한 것이었다. 여성이 담당할 것인가, 아니면 남성의 참여를 유도해서 함께 수행할 것인가, 아니면 성별과 관계없이 각자 처한 상황과 적성에 따라 역할을 나눌 것인가를 질문하고 대안을 모색해왔다. 그러나 돌봄 노동이 인간의 삶과 사회 재생산을 위해 필수적인 활동임을 전제한다면. 돌봄을 '누가'보다는 '어떻게' 구성하고 수행할 것인가를 묻는 것이 더 적절할 것이다. 누가 할 것인가에 초점을 두면 1장에서 논의한 젠더 경계나 규범의 유연성을 담보할 수는 있지만, 여성, 남성, 또는 남녀 함께라는 세 가지 선택에서 벗어나기 어렵고, 따라서 성평등에 도달하기도 어렵다. 이런 배경에서 근대 젠더 이분법에 기초한 성별 분업 구조가 완전히 바뀌는 포스트가부장제 이후의 평등하고 민주적인 젠더 관계와 가족의 미래를 상상하고자 한다.

남성이 생계를 부양하고 여성이 돌봄을 책임지는 방식의 성별 분업은 노동시장에서 여성을 '헌신하지 않는 노동자'로 만들고, 가족 안에서는 남성을 돌봄의 보조자 역할에만 머물도록 한다. 위계화된 성역할, 성 정체성, 성별 지위 및 규범 등, 다시 말해 불평등한 젠더 관계는 가족을 포함한 모든 조직이나 사회 운영 논리에 체계화되어 있다. 페미니스트 학자들은 근대적 젠더 규범을 해체하는 대안적 평등의 논리를 제안한다. 즉 공·사 영역으로 분리된 성 역할과 남성 중심적인 자원 분배 규칙의 전환을 꾀하는 것인데. 변화의 목표는 젠더 평등이라는 장기적 목표에 부합하게 설계되어야 한다. 후기산업사회 평등을 논의한 프레이저(Fraser, 1994)나 근대적 성별 분업을 해체하는 대안적 제도를 제안한 고닉과 마이어스(Gornick and Meyers, 2009)는 성평등의 변혁적 전략에 대한 논의를 전개한다. 이들의 주장은 구체적 내용과 전략에 있어서는 다소 차이가 있지만, 남성 규범male norm에 근거를 둔 평등 전략으로는 성평등을 성취할 수 없다는 점은 분명히 한다. 현재 당면한 돌봄의 위기는 남성 중심적 규범이 아닌 새로운 젠더 규범에 근거한 가족과 노동시장의 재구조화로 해결할 수 있다. 프레이저(Fraser, 1994)의 보편적 양육자 모델universal caregiver model과 고닉과 마이어스(Gornick and Meyers, 2009)의 이인 소득자·이인 돌봄자dual earner-dual caregiver 모델에서 대안을 상상할 수 있다.

프레이저(Fraser, 1994)는 보편적 양육자 모델 이전에 산업사회에서 나타나고 있는 두 가지 모델을 설명했다. 보편적 부양자 모델universal breadwinner model은 '같음에 기초한 평등' 규범에 준하여 노동시장에서의 성평등을 강조하며, 여성을 부양자 역할에 통합시키고자 한다. 여성을 남성처럼 만드는 것을 목표로 하는 것이다. 이 모델은 여성의 노동 역량을 남성의 그것에 뒤지지 않는 것으로 인식한다는 점에서 일견 성평등에 다가가는 것처럼 보인다. 그러나 기존의 성별 분업 체계에 도전하지 않은 채 노동시장에서의 산술적 평등에 초점을 두기 때문에, 여성이 전통적 돌봄 책임에 더해 임금 노동의 부담까지 지게 되어 결과적으로 불평등한 이중 노동을 하게 되는 한계를 보인다. 반면 양육자 등가 모델caregiver parity model은 '차이를 고려한 평등' 규범에 준하여 성별 분업을 유지하지만, 양육 수당이나 공공 부조를 통해 돌봄 노동을 재평가함으로써 젠더 차이를 완화시키고자 한다. 예를 들어 돌봄 노동을 하는 여성에게 대안으로 시간제 일자리 등을 제공하는 것이다. 이는 매우 실용적으로 보이지만, 집안일과 자녀 양육이 여전히 여성의 일로 남게 되는 한계가 있다. 이 모델에서 기존의 성별 분업 체계는 거의 변화하지 않기 때문에 가족과 노동시장에서 성차별적 관행은 지속된다. 이처럼 보편적 부양자 모델에서든 양육자 등가 모델에서든, 여성들은 일차적인 돌봄 책임자라는 규범에서 벗어나지 못하며, 성별 분업의 해체에는 이르지 못하는 것이다.

마지막으로 프레이저(Fraser, 1994)는 보편적 부양자 모델과 양육자 등가 모델을 넘어서서, 변혁적 대안으로 보편적 양육자 모델을 제안한다. 이 모델의 핵심 내용은 여성이 남성의 기준에 도달하려고 할 것이 아니라 남성이 '여성'에 가까워짐으로써, 결과적으로 여성은 부양자 역할에, 남성은 돌봄자 역할에 통합시키는 젠더 기준을 새롭게 구성하자는 것이다. 즉 보편적 부양자에 근거한 노동 중심의 사회가 아닌 보편적 양육자가 기준이 되는 돌봄 중심 사회로 가자는 것이다. 따라서 근대 가부장적 젠더 규범이 아닌 (새로운) 젠더 규범이 우리의 삶과 사회 조직을 구성하는 원리가 될 때 성별 분업은 해체될 수 있으며, 노동, 결혼, 출산, 가족생활을 둘러싼 모순과 갈등을 해결할 수 있다.

고닉과 마이어스(Gornick and Meyers, 2009)가 제시하는 이인 소득자·이인 돌봄자 모델 또한 보편적 양육자 모델과 유사한 맥락에서 이해할 수 있다. 아이를 돌보는 주체를 기본적으로 부모 두 사람으로 설정하고, 이들은 노동시장에서의 유급 업무와 가정에서의 무급 업무 모두에서 대칭적으로 종사할 수 있도록 사회 경제적 체계의 재배치가 필요하다고 주장한다. 구체적으로 영유아 돌봄을 일차적으로 부모에게 맡기고, 부모가 고용 지속 및 대체 임금을 보장받으면서 가족돌봄 휴가를 보낼 수 있도록 노동 환경을 재구조화한다. 예를 들어 하루 6

시간 정도로 표준 임금 노동 시간을 단축하고, 시간당 임금은 늘린다. 이러한 제도적 변화는 노동시장과 가족 영역 모두에서 성평등을 실현하는 동시에 일정한 소득 수준과 돌봄에 투여할 수 있는 시간을 보장하여 자녀 돌봄의 질을 유지할 수 있도록 하는 것이다.

보편적 양육자 모델이나 이인 부양자·이인 돌봄자 모델이 실현되기 위해서는 부양과 돌봄, 유급과 무급, 노동시장과 가족이라는 성별화된 분리를 제거하는 데 목표를 두고 모든 사회 제도가 재설계되어야 한다. 프레이저(Fraser, 1994)는 노동 시간 단축과 남녀 모두 취업을 가능하게 하는 사회적 서비스, 국가가 지원하고 가족·지역공동체·시민사회가 함께하는 돌봄 체계 구축을 강조했다. 한편 고닉과 마이어스(Gornick and Meyers, 2009)는 보다 구체적인 대안을 제시하고 있다. 첫째, 돌봄을 수행하기 위해 충분한 기간의 유급 부모 휴가를 아버지와 어머니에게 각각 부여하고, 만약 아버지가 이를 사용하지 않으면 소멸되는 개별 부모 휴가제를 마련하는 것이다. 이러한 노력은 프랑스나 스웨덴의 남성 육아휴직 할당제에서 볼 수 있다. 두 나라는 출산 후 육아 부담이 여성에게만 치중되는 현상을 막기 위해 남성의 육아휴직 할당제를 적극적으로 활용하고 있다. 프랑스는 2014년부터 최소 6개월의 기간 동안 남성에게 육아휴직 급여를 지원하는 제도를 도입했다. 스웨덴은 1995년부터 남성 육아휴직 할당제를 시행하여, 출산 후 남성 노동자들이 의무적으로 3개월을 사용하게 했다. 그 결과 2019년 기준 육아휴직 급여 수급자의 54%가 여성이고 46%가 남성이며, 성별 사용률 격차가 8%에 지나지 않는다(허민숙, 2021). 둘째, 노동 시간의 유연화를 강조한다. 이는 노동 시간을 줄이고, 노동 시간 유형을 다양화하여 노동자의 이용 가능성을 향상시키기 위함이다. 셋째, 국가는 아동 보육과 교육의 질을 높이고 확장하여 보편적 프로그램으로 제공한다.

보편적 양육자 모델이나 이인 소득자·이인 돌봄자 모델에서는 돌봄, 특히 양육을 시장이나 공공 서비스에 의존하기보다는 가능한 부모, 친척이나 이웃, 지역사회 공동체 등의 참여를 강조한다. 노동 시간을 단축하고, 가족 시간, 여가 시간을 늘리는 것이 성평등뿐만 아니라 우리 모두의 삶의 질을 높일 수 있다고 보는 것이다. 그러나 노동 시간 단축은 소득이 감소되는 결과를 가져올 수 있어 현실적이지 않다는 반론도 있을 수 있다. 특히 우리나라와 같이 경쟁과 경제적 풍요가 강조되는 사회에서는 거의 불가능해 보이기도 한다. 그러나 인간 삶의 질은 경제적인 능력에 의해서만 결정되는 것은 아니며, 노동 시간과 생산성은 반드시 비례하지도 않는다. 미국은 유럽에 비해 노동 시간은 길지만 시간당 생산성은 낮으며, 일·가족 양립을 지원하는 제도의 수준도 낮다(Gornick and Meyers, 2009: 43). 우리나라도 OECD 국가들과 비교해 노동 시간이 절대적으로 길고 일과 가족을 양립할 수 있는 사회적, 제도적 환경은 충분히 갖추어져 있지 않다.

노동 시간 단축, 여성의 부양 노동 참여, 남성의 돌봄 노동 참여를 가능하게 하는 제도적 대안들도 남성 노동자 중심의 이상적 노동자 규범을 고수하는 한 불가능할 것으로 보인다. 이상적 노동자, 남성 생계부양자 등 젠더 이분법이 체계화된 근대 (핵)가족은 노동 중심의 남성 규범을 해체하고 돌봄 중심의 (새로운) 젠더 규범으로 전환하지 않고는 가족의 모순과 갈등을 해결하기 어렵다. 지금까지 노동과 가족을 둘러싼 성차별과 여성들의 이중 부담을 해소하기 위한 방향은 주로 여성들의 어려움을 덜어줄 수 있는 제도적 방안을 도입하거나, 남성들이 여성들의 부담을 나누어 갖는 것에 맞추어져 왔다. 그러나 위계적인 공·사 이분법과 성별 분업 규범, 그리고 사회 조직 원리로 작동되는 젠더 질서의 근본적인 전환 없이 단순히 여성의 부담을 덜어주는 방식으로는 현존하는 가족 내 불평등을 다소 완화할 수 있을 뿐 평등한 가족으로 나아갈 수 없으며, 돌봄의 공백도 해소할 수 없다. 미래에는 여성을 남성과 같이 만드는 것이 아니라 남성이 여성을 닮아가도록 해서 시장 노동, 가사 노동, 돌봄 노동을 함께 해야 한다.

우리 사회에서도 이러한 혁신적 전환이 가능한가?라는 질문이 제기될 수 있다. 이러한 급진적 변화는 가족이나 젠더 관계에 대한 근대적인 사고를 고집하는 한 실현하기 어렵다. 가족과 개인의 인식은 급변하고 있지만 이에 대응하는 사회 제도나 정책은 지체되고 있는 것처럼 보인다. 후기산업사회에서는 기술적 환경뿐 아니라 친밀성이나 노동도 변화되고 있으며, 그 과정에서 관찰되는 젠더 질서의 균열과 갈등은 가족과 젠더 관계에 대한 근대적인 틀이 도전받고 있음을 보여준다. 예를 들어 노동 시간 단축이나 재택근무 등 노동 유연성의 확대가 과거에는 노동자에게 불리한 조건으로 평가되었지만, 기술 혁신이 거듭되는 미래에는 노동의 근대적 패러다임 자체가 바뀔 수 있다. 기술 혁신은 교육 현장도 변화시키게 될 것이며, 학교 교육의 시간적, 공간적 범위도 달라질 것이다. 코로나19라는 팬데믹 상황은 이미 우리의 일상을 변화시키고 있다. 미래에는 이상적 노동자 모델이나 가정중심성이라는 근대 규범이 유효하지 않을 것이며, 돌봄 중심 사회로의 이행이 가능할 수 있다. 포스트가부장제 이후의 가족을 상상하기 위해서는 가족에 대한 전형적인 인식을 넘어서서 성평등을 담보한 보다 급진적 사고가 필요하다.

가족은 늘 변화해왔으며, 미래에도 끊임없이 변화할 것이다. 중요한 것은 변화를 어떻게 평가 및 해석하고 이를 근거로 대안을 마련할 것인가이다. 노동 중심의 사회를 돌봄 중심 사회로 변화시키는 과제는 당장 실현할 수는 없지만, 성평등이나 가족에 관한 사회적 담론이나 국가의 정책에서 장기적 방향으로 논의할 수 있을 것이다. 평등하고 민주적인 가족 공동체의 장기적 비전과 목표는 가부장적 젠더 질서를 완전히 바꾸는transform 것이므로 이러한 상상은 의미가 있을 것이다.

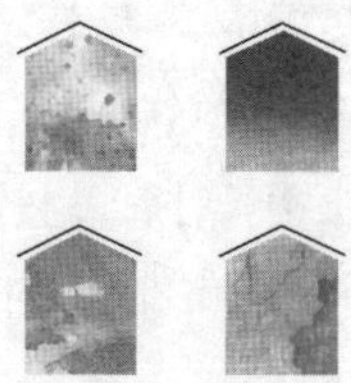

참고문헌

[국내문헌]

계봉오 · 고원태 · 김영미 (2021), 「여성의 고학력화와 결혼시장 미스매치 가설에 대한 비판적 검토, 1990-2015」, 『조사연구』 22(1), 61-89.

공세권 · 박인화 · 조애저 · 김진숙 · 장현섭 (1987), 『한국 가족구조의 변화: 가족생활주기 조사를 중심으로』, 한국인구보건연구원.

공세권 · 조애저 · 김진숙 · 장현섭 · 서미경 (1990), 『한국가족의 기능과 역할변화』, 한국보건사회연구원.

국미애 (2013), 「유연근무제와 노동시간의 젠더정치: 시간제 근무를 중심으로」, 『여성학논집』 30(1), 3-34.

권문영 (2012), 「불안정 노동 여성의 '비혼' 경험에 관한 연구」, 이화여자대학교 여성학 석사학위논문(2012년 7월).

권오재 (2017), 「결혼의 계층화와 전통적 성 정체성의 고착: 부모 자산이 성인자녀의 결혼 이행에 미치는 영향」, 서울대학교 사회학 석사학위논문(2017년 8월).

김경애 (1999), 「흔들리는 모성, 지속되는 모성역할: 저소득층 모자가정의 여성가장」, 『한국여성학』 15(2), 87-117.

김수정 (2015), 「누가 맞벌이화를 주도하는가: 맞벌이 이행에서 시기, 연령, 코호트 효과분석」, 『한국여성학』 31(4), 147-180.

김수한 · 안리라 (2018), 「여성관리자의 시간제약과 직장 내 사회자본」, 『한국 사회학』 52(1), 39-75.

김순남 (2013), 「이성애 결혼/가족 규범을 해체/(재)구성하는 동성애 친밀성: 사회적 배제와 '독립적' 삶의 모델 사이에서」, 『한국여성학』 29(1), 85-125.

김연주 · 이재경 (2013), 「근대 '가정주부'되기 과정과 도시 중산층 가족의 형성: 구술생애사 사례 분석」, 『가족과 문화』 25(2), 29-61.

김영란 · 장혜경 · 이윤석 (2017), 「가족계층에 따른 청년자녀세대의 성인기 이행 및 정책대응방안 연구」, 한국여성정책연구원.

김영미 (2012), 「동아시아 가구고용형태의 다양성: 한국, 일본, 대만 비교 연구」, 『여성학논집』 29(2), 107-137.

______ (2016), 「계층화된 젊음: 일, 가족형성에서 나타나는 청년기 기회불평등」, 『사회과학논집』 47(2), 27-52.

김영미 · 신광영 (2008), 「기혼여성 노동시장의 양극화와 가구 소득 불평등의 변화」, 『경제와사회』 77, 79-106.

김원정 · 김순남 (2018), 「동거 가구의 변화와 한국의 결혼; 가족제도: 1995-2015 혼인신고자료 분석을 중심으로」, 『가족과 문화』 30(4), 61-90.

김유선 (2016), 「저출산과 청년 일자리」, 『노동사회연구소 이슈페이퍼』 8, 1-19.

김이선 · 박경숙 (2019), 「한국 여성의 생애: 갈등적 성별화와 계층화」, 『경제와 사회』 122, 138-170.

김혜경 (2005), 「'건강가정기본법'의 제 · 개정을 둘러싼 담론에 대한 연구」, 『여성과사회』 16, 67-102.

______ (2009), 「박정희 체제하 핵가족 담론의 변화과정과 이원구조 연구」, 『사회와 역사』 82, 169-212.

______ (2013), 「부계 가족주의의 실패?: IMF 경제위기 세대의 가족주의와 개인화」, 『한국사회학』 47(2), 101-141.

김혜련 (1995), 『남자의 결혼 여자의 이혼』, 또하나의문화.

김혜영 · 선보영 · 진미정 · 사공은희 (2007), 『비혼 1인가구의 가족의식 및 생활 실태조사』, 한국여성정책연구원.

김효정 (2010), 「저소득층 기혼여성의 노동의 의미에 관한 연구: 소규모 식당 노동 종사자를 중심으로」, 『한국여성학』 26(1), 1-33.

남춘호 · 남궁명희 (2012), 「생애과정의 탈표준화 경향에 대한 경험적 연구: 성인기이행의 구조변동을 중심으로」, 『지역사회연구』 20(2), 91-128.

문소정 (1995), 「다양한 가족 유형의 등장과 여성의 인구학적, 사회경제적 지위의 변화」, 『여성연구논집』 6, 25-99.

______ (2008), 「한국가족 다양화담론의 다양성에 대한 비판적 고찰」, 『아시아여성연구』 47(2), 73-107.

문지선 (2017), 「부부의 성역할 태도로 본 기혼여성의 경제 활동」, 『한국사회학』 51(2), 191-232.

박경숙 · 김영혜 · 김현숙 (2005), 「남녀 결혼시기 연장의 주요 원인: 계층혼, 성역할분리규범, 경제조정의 우발적 결합」, 『한국인구학』 28(2), 33-62.

박기남 (2011), 「20-30대 비혼 여성의 고용 불안 현실과 선택」, 『한국여성학』 27(1), 1-39.

박선권 (2019), 「저출산 관련 지표의 현황과 시사점」, 『NARS 현안분석』 58, 국회입법조사처.

박수민 (2017), 「비혼을 통해 본 결혼의 탈제도화와 문화적 영향력의 지속」, 『가족과 문화』 29(4), 94-121.

박언주 (1995), 「가사노동을 둘러싼 부부갈등에 대한 연구」, 이화여자대학교 여성학 석사학위논문(1996년 2월).

박정수 (2016), 「소득과 소비영역의 주요동향」, 『한국의 사회동향』, 통계개발원.

박혜경 (1993), 「여성의 경험을 통해 본 결혼과 사랑의 관계에 관한 연구」, 이화여자대학교 여성학 박사학위논문(1993년 8월).

______ (2008), 「중산층 기혼여성의 경험 세계를 통해 본 가사노동의 성격과

가사노동 가치인식」, 『페미니즘 연구』 8(2), 159-196.

______ (2009), 「한국 중산층의 자녀교육 경쟁과 '전업 어머니' 정체성」, 『한국여성학』 25(3), 5-33.

석재은 · 노혜진 (2013), 「동질혼이 가구 소득 불평등에 미치는 영향: 교육적 동질혼 및 직업적 동질혼을 중심으로」, 『사회보장연구』 29(2), 167-195.

신경아 (2007), 「산업화 이후 일-가족 문제의 담론적 지형과 변화」, 『한국여성학』 23(2), 5-45.

______ (2009), 「일-삶의 균형(work-life balance) 과 노동 시간」, 『민주사회와 정책연구』 16, 176-211.

______ (2010), 「블랙홀로 날아간 광산의 카나리아」, 『한국사회학』 44(5), 232-237.

______ (2011), 「시간의 전쟁터에서 얻은 나눔」, 『한국여성학』 27(4), 145-151.

______ (2014), 「신자유주의시대 남성 생계부양자의식의 균열과 젠더관계의 변화」, 『한국여성학』 30(4), 153-187.

신경아 · 이은아 (2021), 「젠더 관점에서 본 유연근무제의 필요성과 딜레마」, 『가족과 문화』 33(4).

심영희 (2011), 「'21세기형 공동체 가족' 모델의 모색과 지원방안: 2차 근대성과 개인화 이론의 관점에서」, 『아시아여성연구』 50(2), 7-44.

심영희 · 정진성 · 윤정로 (1999), 『모성의 담론과 현실: 어머니의 성, 삶, 정체성』, 나남출판.

양현아 (2012), 『한국 가족법 읽기: 전통, 신민지성, 젠더의 교차로에서』, 창비.

오지혜 (2020), 「부모의 사회경제적 자원이 자녀의 결혼 이행에 미치는 영향: 한국노동패널 1998~2016년 자료를 중심으로」, 『보건사회연구』 40(4), 50-81.

우해봉 · 장인수 (2017), 「부부의 사회경제적 특성과 혼인해체」, 『보건사회연구』 37(3), 290-317.

유홍준 · 현성민 (2010), 「경제적 자원이 미혼 남녀의 결혼 연기에 미치는 영향」, 『한국인구학』 33(1), 75-101.

윤영수 (2015), 「소비행위를 통한 로맨스 감정 구성과 갈등: 2、30대 고학력 여성을 중심으로」, 이화여자대학교 여성학 석사학위논문(2015년 1월).

윤자영 (2012), 「노동시장통합과 결혼 이행」, 『한국인구학』 35(2), 159-184.

이박혜경 (2007), 「애정과 투쟁의 장소로서의 가족」, 이재경 · 조영미 · 민가영 · 박홍주 · (이박)혜경 · 이은아 지음, 『여성학』, 미래M&B.

이순미 (2014), 「생애과정의 복합적 탈근대화와 가족화와 개인화의 이중적 과정: 1955-1974년 성인기 이행 배열분석을 중심으로」, 『한국사회학』 48(2), 67-106.

이영자 (2008), 「결혼 시장과 젠더」, 『한국여성학』 24(2), 39-71.

이은아 (2013), 「도시 결혼이주여성의 어머니 노릇과 정체성: 자녀교육 경험을 중심으로」, 『한국여성학』 29(3), 115-146.

______ (2015), 「'글로벌 하향혼'으로서 결혼이주의 정치학: 일본 결혼이주여성을 중심으로」, 『페미니즘 연구』 15(1), 131-167.

이은아 · 신경아 (2021), 「여성 고용 안정화를 위한 유연근무제도 활성화 방안 연구」, 『한국여성학』 37(1).

이재경 (1999), 「여성의 경험을 통해 본 한국가족의 근대적 변형」, 『한국여성학』 15(2), 55-86.

______ (2000), 「사회학에서의 페미니즘의 수용과 영향」, 『여성학논집』 17, 93-114.

______ (2003), 『가족의 이름으로: 한국 근대가족과 페미니즘』, 또하나의문화.

______ (2004a), 「한국 가족은 '위기'인가?: '건강가정' 담론에 대한 비판」, 『한국여성학』 20(1), 229-244.

______ (2004b), 「노동자계급 여성의 어머니노릇(mothering)의 구성과 갈등: 경인지역을 중심으로」, 『사회과학연구』 12(1), 82-117.

______ (2004c), 「한국 사회학에서 '여성' 연구의 성장과 도전: 1964~2002」,

이화여자대학교 한국문화연구원, 『사회학 연구 50년』, 혜안, 357-381.

______ (2005), 「공·사 영역의 변화와 '가족'을 넘어서는 가족정책」, 『여성연구』 68, 137-164.

______ (2007), 「한국가족 변화의 특성과 쟁점」, 양옥경 외, 『가족복지의 정책과 실천』, 공동체.

______ (2009), 「사랑과 경제의 관계를 통해 본 이주결혼」, 『여성학논집』 26(1), 183-206.

______ (2013), 「한국사회 젠더갈등과 사회통합」, 『저스티스』 134(2), 한국법학원.

______ (2014), 「한국사회학에서의 여성 연구: 통합(integration)과 분리(segregation)의 이중전략」, 『여성학논집』 31(2), 95-134.

______ (2015), 「가부장제 이후의 한국가족: 정상성에서 유연성으로」, 『한국문화연구』 29, 283-310.

______ (2021), 「인구와 페미니즘」, 『철학과 현실』 129, 76-88.

이재경·장미혜 (2004), 「고용조건이 일과 가족에 대한 태도에 미치는 영향」, 『경제와사회』 64, 172-208.

이재경·조영미·유정미·이은아 (2005), 「유럽의 저출산 관련 정책에 대한 여성주의적 분석」, 『한국여성학』 21(3), 133-166.

이재경·이은아·조주은 (2006), 「기혼 취업 여성의 일·가족생활 변화와 한계: 계층간 차이를 중심으로」, 『한국여성학』 22(2), 41-79.

이재경·조영미·민가영·박홍주·이박혜경·이은아 (2007), 『여성학』, 미래M&B.

이재경·김경희 (2012), 「여성주의 정책 패러다임 모색과 '성평등'」, 『한국여성학』 28(3), 1-33.

이재경·나성은·조인경 (2012), 「동아시아 기혼여성의 성별분업에 관한 태도와 실천」, 『여성학 논집』 29(2), 139-173.

이재경·김보화 (2015), 「2, 30대 비혼 여성의 결혼 전망과 의미: 학력집단 간 차이를 중심으로」, 『한국여성학』 31(4), 41-85.

이정희 (2019), 「여성의 생애노동이력을 통한 경력지속 요인 탐색: 경남지역 1975년생 여성을 중심으로」, 『한국여성학』 35(1), 39-78.

이지혜 (2019), 「일·가정양립 실태와 정책 함의」, 『보건복지포럼』 268, 59-72.

이진우·금종예 (2021), 「주 52시간 근로시간 단축제도가 가구 내 부부의 노동시간 격차에 미친 영향」, 『정부학연구』 27(1), 219-247.

장경섭 (2018), 『내일의 종언?: 가족자유주의와 사회재생산 위기』, 집문당.

장경섭·진미정·성미애·이재림 (2015), 「한국사회 제도적 가족주의의 진단과 함의」, 『가족과 문화』 27(3), 1-38.

장지연·전병유 (2014), 「소득계층별 여성 취업의 변화: 배우자 소득 수준을 중심으로」, 『산업노동연구』 20(2), 219-248.

전기택·김종숙·강민정·김난주·이선행·권소영 (2020), 『2019년 일·가정양립 실태조사』, 고용노동부.

정성미 (2018), 「2000년 이후 한국의 여성노동시장에 관한 연구」, 고려대학교 경제학 박사학위논문(2017년 12월).

정희진 (2001), 『저는 오늘 꽃을 받았어요: 가정폭력과 여성 인권』, 또하나의 문화.

조귀동 (2020), 『세습 중산층 사회: 90년대생이 경험하는 불평등은 어떻게 다른가』, 생각의힘.

조윤명·김영미 (2020), 「생계부양자모델 전환기의 젠더규범과 출산 의도: 혼합방법론적 접근」, 『한국인구학』 43(4), 69-97.

조주은 (2004), 『현대가족이야기』, 이가서.

______ (2008), 「압축적 시간성을 통한 '바쁨': 서울지역 중간계급 유배우 취업여성을 중심으로」, 『한국여성학』 24(3), 211-242.

조형 (1992), 「가부장적 사회의 부부관계의 성격: 여성사회학적 시론」, 여성한국사회연구회 편, 『한국 가족의 부부관계』, 사회문화연구소.

조혜련 (2003), 「저소득 여성의 한부모 노릇에 관한 여성주의적 연구」, 이화여자대학교 여성학 석사학위논문(2003년 7월).

조혜정 (1981), 「부부 권력관계의 변화를 중심으로 본 취업/비취업 주부의 연구」, 『한국사회학』 15, 37-46.

______ (1988), 『한국의 여성과 남성』, 문학과지성사.

주휘정 · 김민석 (2018), 「청년층의 결혼 이행 여부에 대한 경제적 배경 요인의 영향」, 『사회적경제와 정책연구』 8(2), 59-88.

진미정 · 변주수 · 권순범 (2014), 「한국 가족생애주기의 변화: 1987년 공세권 연구와의 비교」, 『가족과 문화』 26(4), 1-24.

최선영 (2020), 「한국 여성의 생애과정 재편과 혼인행동의 변화」, 서울대학교 사회학 박사학위논문(2020년 2월).

최선영 · 장경섭 (2012), 「압출산업화 시대 노동계급가족 가부장제의 물질적 모순: '남성생계부양자' 노동 생애 불안정성의 가족 전이」, 『한국사회학』 46(2), 203-230.

통계청, 『인구동향조사』, 각년도.

통계청, 『사회조사』, 각년도.

통계청, 「혼인 · 이혼 통계」, 각년도.

통계청 (2016), 『인구대사전(전면개정판)』, 한국인구학회 편.

통계청 (2017), 「교육수준별 출생 · 사망 · 혼인 · 이혼 분석: 2000-2015년」.

통계청(2019), 「2019 일 · 가정 양립 지표」.

통계청(2020a), 「2020 일 · 가정 양립 지표」.

통계청(2020b), 「2020 통계로 보는 1인 가구」.

통계청(2020c), 「경력단절여성 현황」.

한겨레경제사회연구원 (2015), 「2015 청년으로 산다는 것」, 한겨레경제사회연구원 개원기념 심포지엄.

한국여성정책연구원, 『한국의 성인지 통계』, 각년도.

한남제 (1984), 『한국도시가족연구』, 일지사.

한빛나 (2015), 「동성애 동거 커플의 '가족 실천'과 의미에 관한 연구」, 이화여자대학교 여성학 석사학위논문(2015년 8월).
허라금 (2006), 「보살핌의 사회화를 위한 여성주의의 사유」, 『한국여성학』 22(1), 115-146.
허민숙 (2021), 「육아휴직 소득대체율의 효과: 남성육아휴직 사용의 조건과 과제」, 『NARS 현안분석』 223, 국회입법조사처.
허은 (2017), 「개인화와 성별분업: 패널 자료를 이용한 가족형성기 여성의 성역할 태도 분석」, 『한국사회학』 51(4), 47-78.
홍찬숙 (2015), 『개인화: 해방과 위험의 양면성』, 서울대학교 출판문화원.
______ (2017), 「동북아 가족주의 맥락에서 본 한국 여성 개인화의 세 시나리오」, 『경제와사회』 113, 147-172.
황정미 (2018), 「한국인에게 가족은 무엇인가」, 『황해문화』 98, 16-36.

[외국문헌]

Barrett, M. and M. McIntosh (1982), *The Anti-Social Family*, London: Verson, 『반사회적 가족』, 김혜경 · 배은경 옮김, 나름북스, 2019.
Beck, U. and E. Beck-Gernsheim (1995), *The Normal Chaos of Love*, translated by Mark Ritter and Jane Wiebel, Cambridge: Polity Press, 『사랑은 지독한, 그러나 지극히 정상적인 혼란』, 강수영 · 권기돈 · 배은경 옮김, 새물결, 1999.
______ (2002/2012), *Individualization: Institutionalized Individualism and Its Social and Political Consequences*, New York: Sage.
Beck-Gernsheim, E. (1998), *Was Kommt nach der Familie?*, 『가족 이후에 무엇이 오는가?』, 박은주 옮김, 새물결, 2005.
Bianchi, S., M. Milkie, L. Sayer, and J. Robinson (2000), "Is anyone ding the housework? Trends in the gender division of household labor,"

Social Forces, 79(1), 191–228.

Brinton, M. C. and D. J. Lee (2016), "Gender–role ideology, labor market institutions, and post–industrial fertility," *Population and Development Review*, 42(3), 405–433.

Brinton, M. C. and E. Oh (2019), "Babies, work, or both? Highly educated women's employment and fertility in East Asia," *American Journal of Sociology*, 125(1), 105–140.

Brückner, H. and K. U. Mayer (2005), "De–standardization of the life course: what it might mean? and if it means anything, whether it actually took place?," *Advances in Life Course Research*, 9, 27–53.

Burgess, E. W. and H. J. Locke (1945), *The Family: From Institution to Companionship*, Jefferson: American Book Co.

Cahn, N., J. Carbone, L. F. De Rose, and W. B. Wilcox (eds.) (2018), *Unequal Family Lives: Causes and Consequences in Europe and the Americas*, Cambridge: Cambridge University Press.

Carbone, J. and N. Cahn (2014), *Marriage Markets: How Inequality is Remaking the American Family*, Oxford University Press, 『결혼 시장: 계급, 젠더, 불평등 그리고 결혼의 사회학』, 김하현 옮김, 시대의창, 2016.

Chafetz, J. S. (1997), "Feminist theory and sociology: underutilized contributions for mainstream theory," *Annual Review of Sociology*, 23(1), 97–120.

Chang, Kyung Sup and Minyoung, Song. (2010), "The stranded individualizer under compressed modernity: South Korean women in individualization without individualism," *The British Journal of Sociology*, 61(3), 539–564.

Cherlin, A. J. (2004), "The deinstitutionalization of American marriage," *Journal of Marriage and Family*, 66(4), 848–861.

______ (2009), *The Marriage-Go-Round: The State of Marriage and the Family in America Today*, New York: Alfred A. Knopf.

______ (2012), "Goode's world revolution and family patterns: a reconsideration at fifty years," *Population and Development Review*, 38(4), 577-607.

______ (2020), "Degrees of change: An assessment of the deinstitutionalization of marriage thesis," *Journal of Marriage and Family*, 82(1), 62-80.

Clawson, D. and N. Gerstel (2014), *Unequal Time: Gender, Class, and Family in Employment Schedules*, New York: Russell Sage Foundation.

Damaske, S. (2011), *For the Family? How Class and Gender Shape Women's Work*, New York: Oxford University Press.

England, P. (2010), "The gender revolution: uneven and stalled," *Gender & Society*, 24(2), 149-166.

Esping-Andersen, G., and F. C. Billari (2015), "Retheorizing family demographics," *Population and Development Review*, 41(1), 1-31.

Folbre, N. (2001), *The Invisible Heart: Economics and Family Values*, New York: New Press, 『보이지 않는 가슴: 돌봄 경제학』, 윤자영 옮김, 또하나의문화, 2007.

Fraser, N. (1994), "After the family wage: gender equity and the welfare state," *Political Theory*, 22(4), 591-618.

Furstenberg, F. F. (2014), "Fifty years of family change: from consensus to complexity," *The ANNALS of the American Academy of Political and Social Science*, 654(1), 12-30.

______ (2019), "Family change in global perspective: how and why family systems change," *Family Relations*, 68(3), 326-341.

Fuwa, M. (2004), "Macro-level gender inequality and the division of household labor in 22 countries," *American Sociological Review*, 69(6), 751-767.

Gerson, K. (2010), *The Unfinished Revolution: Coming of Age in a New Era of Gender, Work, and Family*, New York: Oxford University Press.

Gerson, K. and S. Torres (2015), "Changing family patterns and family life," *Emerging Trends in the Social and Behavioral Sciences: An Interdisciplinary, Searchable, and Linkable Resource*, 1-15.

Giddens, A. (1992), *The Transformation of Intimacy: Sexuality, Love and Eroticism in Modern Societies*, Stanford: Stanford University Press, 『현대사회의 성 사랑: 친밀성의 구조변동』, 황정미 외 옮김, 새물결, 2003.

Goldscheider, F. E. Bernhardt, and T. Lappegard (2015), "The gender revolution: a framework for understanding changing family and demographic behavior," *Population and Development Review*, 41(2), 207-239.

Goode, W. J. (1963), *World Revolution and Family Patterns*, New York: Free Press.

Gornick, J. and M. Meyers (2009), "Institutions that support gender equality in parenthood and employment," in Gornick, J. and M. Meyers (eds.), *Gender Equality: Transforming Family Divisions of Labor*, New York: Verso.

Hennessy, J. (2015), "Low-income and middle-class mothers gendered work and family schemas," *Sociology Compass*, 9/12, 1106-1118.

Hochschild, A. R. (1989), *The Second Shift: Working Parents and the Revolution at Home*, New York: Viking Books, 『돈 잘 버는 여자 밥 잘하는 남자』, 백영미 옮김, 아침이슬, 2001.

______ (1997), *The Time Bind: When Work Becomes Home and Home Becomes Work*, New York: Metropolitan Books.

______ (2012), *The Outsourced Self: Intimate Life in Market Times*, New York: Metropolitan Books, 『나를 빌려드립니다』, 류현 옮김, 이매진, 2013.

Illouz, E. (1997), *Consuming the Romantic Utopia: Love and the Cultural Contradictions of Capitalismm*, Berkeley: University of California Press, 『낭만적 유토피아 소비하기: 사랑과 자본주의의 문화적 모순』, 박형신 옮김, 이학사, 2014.

Jacobs, J. A. and K. Gerson (2004), *The Time Divide: Work, Family, and Gender Inequality*, Cambridge: Harvard University Press, 『시간을 묻다: 노동사회와 젠더』, 국미애·김창연·나성은 옮김, 한울아카데미, 2010.

Ji, Y. (2015), "Asian families at the crossroads: a meeting of east, west, tradition, modernity, and gender," *Journal of Marriage and Family*, 77(5), 1031-1038.

Kandiyoti, D. (1988), "Bargaining with patriarchy," *Gender and Society*, 2(3), 274-290.

Kim, Bohwa, J. K. Lee, and H. Park (2016), "Marriage, independence and adulthood among unmarried women in South Korea," *Asian Journal of Social Science*, 44(3), 338-362.

Knapp, S. J. and G. Wurm (2019), "Theorizing family change: a review and reconceptualization," *Journal of Family Theory & Review*, 11(2), 212-229.

Lauer, S. and C. Yodanis (2010), "The deinstitutionalization of marriage revisited: a new institutional approach to marriage," *Journal of Family Theory & Review*, 2(1), 58-72.

Lee, Euna., S. Kim, and J. K. Lee (2015), "Precarious motherhood: lives of southeast asia marriage migrant women in Korea," *Asian Journal of Women's Studies*, 21(4), 409-430.

Lee, Jae Kyung (1999), "The glorification of 'scientific motherhood' as an ideological construct in modern Korea," *Asian Journal of Women's Studies*, 5(4), 9-27.

______ (2000), "Dual ideological structure of the Korean family law," in Miller, R. and S. Browning (eds.), *With This Ring: A Multicultural Anthology on Marriage and Divorce*, Greenwich: JAI Press.

______ (2011), "Imagining South Korean family beyond patriarchy," *Korean Families: Continuity and Change*, Seoul: SNU Press.

Lesthaeghe, R. (2010), "The unfolding story of the second demographic transition," *Population and Development Review*, 36(2), 211-251.

Lorber, J. (1994), *Paradoxes of Gender*, New Haven: Yale University Press.

Ochiai, E. (2013), "The logic of global family change in transforming modernity," *Japanese Sociological Review*, 64(4), 533-552.

Oh, Jihye, J. K. Lee, and H. Woo (2020), "Who gets to marry?: parent's household income, individual's education and entry into marriage in South Korea," in Park, H. and H. Woo (eds.), *Korean Families at a Crossroads: Parenting, Children's Outcomes, Gender Roles, and Family Formation* (pp.243-270), Ann Arbor: University of Michigan Press.

Pailhé, A., D. Mortelmans, T. Castro, C. Trilla, M. Digoix, P. Festy, S. Krapf, M. Kreyenfeld, V. Lyssens-Danneboom, T. Martín-García, W. Rault, O. Thévenon, and L. Toulemon (2014), "Changes in the life course," Families and Societies Working Paper series, 6.

Park, Hyunjoon, J. K. Lee, and I. Jo (2013), "Changing relationships between education and marriage among Korean women," 『한국사회학』, 47(3), 51-76.

Park, Hyunjoon and J. K. Lee (2016), "Growing educational differentials in the retreat from marriage among Korean men," *Social Science Research*, 66, 187-200.

Percheski, C. (2008), "Opting out? cohort differences in professional women's employment rates from 1960 to 2005," *American Sociological Review*, 73(3), 497-517.

Pilcher, J. and I. Whelehan (2004), *Key Concepts in Gender Studies*, New York: Sage.

Powell, B., C. Bolzendahl, G. Geist, and L. C. Steelman (2010), *Counted Out: Same-Sex Relations and Americans' Definitions of Family*, New York: Russell Sage Foundation.

Raymo, J., H. Park, Y. Xie, and W. J. Yeung (2015), "Marriage and family in East Asia: continuity and change," *Annual Review of Sociology*, 41, 471-492.

Raymo, J. and H. Park (2020), "Marriage decline in Korea: changing composition of the domestic marriage market and growth in international marriage," *Demography*, 57(1), 171-194.

Risman, B. (1998), *Gender Vertigo: American Families in Transition,* New Haven: Yale University Press.

Saggers, S. and M. Sims (2005), "Diversity: beyond the nuclear family," in Poole, M (eds.), *Family: Changing Families, Changing Times* (pp. 66-87), Crows Nest: Allen & Unwin.

Sarsby, J. (1983), *Romantic Love and Society*, London: Penguin, 『낭만적 사랑과 사회』, 박찬길 옮김, 민음사, 1985.

Scanzoni, J. (2001), "From the normal family to alternate families to the quest for diversity with interdependence," *Journal of Family Issues*, 22(6), 688–710.

Shorter, E. (1975), *The Making of the Modern Family*, New York: Basic Books.

Stacey, J. (2012), *Unhitched: Love, Marriage, and Family Values from West Hollywood to Western China*, New York: NYU Press.

Stone, P. (2007), *Opting Out?: Why Women Really Quit Careers and Head Home*, Barkeley: University of California Press.

Thorne, B. and M. Yalom (1982), *Rethinking the Family: Some Feminist Questions*, Boston: Northeastern, 『페미니즘 시각에서 본 가족』, 권오주 · 김선영 · 노영주 · 이승미 · 이진숙 옮김, 한울아카데미, 2009.

Treas, J. (2010), "Why study housework?" in Treas, J. and S. Drobnič (eds.), *Dividing the Domestic: Men, Women, and Household Work in Cross-National Perspective*, Stanford, Calif.: Stanford University Press.

Treas, J. and S. Drobni (2010) (eds.), *Dividing the Domestic: Men, Women, and Household Work in Cross-National Perspective*, Stanford: Stanford University Press.

Widmer, E. D. and G. Ritschard (2009), "The de-standardization of the life course: are men and women equal?," *Advances in Life Course Research*, 14(1-2), 28–39.

Williams, J. (2010), *Reshaping the Work-Family Debate*, Cambridge: Harvard University Press.

Williams, J. C., J. Manvell, and S. Bornstein (2006), *'Opt Out' or Pushed Out?: How the Press Covers Work/Family Conflict*, California: The Center for WorkLife Law.

Yodanis, C. and S. Lauer (2014), "Is marriage individualized? What couples actually do," *Journal of Family Theory & Review*, 6(2), 184-197.

[신문 기사]

BBC News 코리아, 2021. 4. 2. "사유리: 비혼 출산 사유리는 '비정상 가족'일까?", https://www.bbc.com/korean/news-56612268.

동아일보, 2020. 11. 18. "사유리가 쏘아올린 '비혼모' 논쟁…한국에선 가능할까?", https://www.donga.com/news/Society/article/all/20201118/104030363/1.

서울신문, 2020. 1. 23. "아빠 육아휴직 2만명 넘었지만… 절반 이상은 대기업", https://www.seoul.co.kr/news/newsView.php?id=20200123020024.

연합뉴스, 2018. 12. 15. "[디지털스토리] "육아휴직, 안 쓰는 게 아니라 못 쓰는 거죠", https://www.yna.co.kr/view/AKR20181213169400797.

중앙SUNDAY, 2018. 4. 21. "[SUNDAY 탐사] 돌봄·가사노동, 일하는 아내 하루 208분…무직 남편은 72분", http://news.joins.com/article/22556078A.

중앙일보, 2018. 3. 30. "북유럽·프랑스 등 혼외 출산 많은 선진국, 출산율도 높다", http://news.joins.com/article/22490927.

중앙일보, 2021. 10. 1. "육아휴직한 부모, 첫 3개월은 임금 다 받는다", https://www.joongang.co.kr/article/25011397#home.

중앙일보, 2021. 8. 27. "위기 출산", https://www.joongang.co.kr/article/25001960.

파이낸셜뉴스, 2020. 12. 29. "남녀불문 배우자 직업 1위는 공무원, 공사직", https://www.fnnews.com/news/202012290930121024.

한겨레, 2020. 11. 18. "아이는 꼭 '법적 부부'에서 태어나야만 할까?", https://www.hani.co.kr/arti/society/women/970396.html.

한겨레, 2021. 9. 1. “[사설] OECD 최악의 남녀 임금 격차, 경력단절 대책 시급하다”, https://www.hani.co.kr/arti/opinion/editorial/1010116.html#csidx91a31c261e9cffcb175e4a372a793e9.

한국경제, 2020. 11. 17. “사유리가 불붙인 논쟁…정의당 비혼 출산 합법화하자”, https://www.hankyung.com/politics/article/2020111783687.

[인터넷 자료]

고용노동부, 「대상자별 정책: 여성」, http://www.moel.go.kr/policy/policyinfo/woman/list5.do

통계청, 「국가통계포탈」, https://kosis.kr.

한국여성정책연구원, 「성인지통계정보시스템」, https://gsis.kwdi.re.kr.

OECD, 「OECD Family Database」, http://www.oecd.org/els/family/database.htm.

찾아보기

한국 가족

신가족주의에서 포스트가부장제로

펴낸날 1판 1쇄 2022년 2월 25일
지은이 이재경
펴낸이 정은경
펴낸곳 이화여자대학교출판문화원
주소 서울특별시 서대문구 이화여대길 52 (우03760)
등록 1954년 7월 6일 제9-61호
전화 02) 3277-2965 (편집), 362-6076 (마케팅)
팩스 02) 312-4312
전자우편 press@ewha.ac.kr
홈페이지 www.ewhapress.com
책임편집 이혜지
인쇄 한영문화사

ISBN 979-11-5890-457 9 93330
값 23,000원